東京五輪招致の研究

石元悠生著

成文堂

はしがき

　国際社会の中で，複数の国家が関与する国際的プロジェクトにおける最終的な目標を達成するためには，様々な領域のステークホルダー（利害関係者）の創意をまとめることが必要となる。土壇場で「日韓共催」を主張する韓国に押し切られ単独開催とならなかったサッカーW杯（ワールドカップ）2002年大会の開催都市をめぐる選択では，日本が韓国以上に決定権者（国際サッカー連盟）をまとめきれなかった結果といえる。一方，世界193カ国が締結する世界遺産条約における世界文化遺産登録では，2013年に富士山の登録をめぐり三保松原（静岡市）がイコモス（国際記念遺跡会議）から「除外」勧告を受けたにも関わらず，最終的に富士山の構成資産として世界遺産登録に成功したことは世界遺産委員会への働きかけが奏功した事例といえる。こうした国際的プロジェクトでは，ネットワークを形成した諸アクターが互いに意思を交錯させ，共通目的に向けて対応戦略を構築するものである。世界最大のイベントで200以上の国と地域が一同に参加する五輪（夏季大会）を招致することもその一つで，プロジェクトにおける最終的な目標を達成するためには政治，行政，スポーツという異なる領域の合意形成による活動の展開が求められる。五輪開催都市は国際オリンピック委員会（IOC）の115人の委員の投票によって決まるシステムである。IOC委員の属性は皇族，弁護士，医者，政治家，公務員，実業家，アスリート，高級官僚，軍人，裁判官ら多様である。また，様々なステークホルダーが組織的に交錯することで，本研究では最も複雑で最終的な意思決定が難しいとされる五輪招致に焦点をあて，様々な領域が特定の政策行動に移るための方策を，各領域の諸アクターが有する資源（リソース）交換による相互作用，相互調整という観点から検

討するものである。

　また，本研究では政策ネットワーク研究の分析枠組みを整理したうえで，各領域の諸アクターが五輪開催権の獲得のために一体化し，決める側への適応性や従属性の現象が顕在化した2020年五輪招致を2016年五輪招致と比較検討しつつ実証研究の対象とする。リサーチクエスチョンは，「2020年五輪はなぜ東京に決定されたのか」である。また，五輪招致領域に関わる諸政策領域を対象とした実証研究で五輪招致領域が政策の領域間交錯の結節点となることを明らかにすることで，複数国が関与する国際プロジェクトにおける諸領域の合意形成に向けた理論フレームワークの構築に一定の学問的貢献を企図するものである。

　五輪招致領域は，これまでスポーツ政策研究として捉えられ，固有の制度や管理についての記述がなされてきた。諸アクターの相互作用の多くが時系列的に把握され，その行動が分析されてきた。そのような意味では，本研究も諸アクターに焦点を当て，各々の戦略や活動目的，資源の保有と利用，他の諸アクターとの相互関係の特徴を紹介しつつ五輪招致の政策形成過程を描写することにより，国際的プロジェクトの合意形成過程の理論構築に貢献する考察とすることに変りはない。しかし，五輪招致領域は，スポーツ政策研究を軸に政治・行政研究，皇室研究，国家・国際機関研究などの政策戦略と連動・連携しているのも確かである。すなわち，スポーツ政策領域としての五輪招致研究の洞察に特化するのではなく，五輪招致領域の研究が他の政策諸領域をめぐるアプローチの手段にもなりうるとの観点に立ち，政策過程における諸アクターの機能的展開を中心とする動態把握のため，様々な政策領域に有用な分析枠組みである政策ネットワーク分析を行うものである。政策ネットワークは，1980年代頃から欧米を中心に展開してきた政策過程の分析ツールである[1]。

1　風間規男（2013）「新制度論と政策ネットワーク論」同志社政策科学研究，14（2）p.1。

　政策ネットワーク論では，政府・行政と各社会アクターは自らの優越する資源の交換関係を基礎に他の社会アクターと戦略的な協働関係─組織関係を取り結ぶことになる[2]。メゾレベルを基軸とした政府・団体関係を検証の対象とする分析枠組みでありながら，国家・社会関係を取り扱うマクロレベルの分析枠組み，そして個人や個々の組織に目を向けるミクロレベルの分析枠組みという性格を有している。いわば，マクロ─メゾ─ミクロの諸レベルの研究を連結する役割と機能を担っている[3]。本研究では，こうした政策ネットワーク論の射程を設定したうえで，五輪招致領域やその他の政策諸領域の諸アクターに注目する。

　第1章では，政府や行政と各社会アクターが，自ら有する資源の交換関係を基礎に他の社会アクターと戦略的な協働関係から形成される「政策ネットワーク」に注目し，本研究の理論的枠組みを構築するための前提となる検討を行う。政策ネットワーク論を理論と実証の体系の確立に向けた分析枠組みとして捉え，イギリスの政治学者の Rhodes,R.A.W が提唱した政策ネットワークモデルを中心に考察する。Rhodes,R.A.W は，統合性，安定性，排除性の高い「政策コミュニティ」と，逆に低い「イシューネットワーク」という両極に位置する連続的政策ネットワークモデルを提唱し，メゾレベルのアクター間の資源依存関係や政策過程プロセスに注目する。そこから，一定の行動パターンや「制度」を抽出するところに理論的有効性があることに言及しており，本章で実証研究に向けた分析枠組みの素地を提供する。

　第2章は，五輪招致研究についての先行研究を導出する。「五輪」をキーワードにした研究では，国内外を問わず政治，経済，社会，外交，芸術，文化などの隣接領域を巻き込みながら調査・分析されてきた事例研究は多い。しかし，五輪招致研究では，五輪研究と異なり，時代的趨勢を背景に外交領

2　正木卓（2012）「＜政策ネットワーク＞の枠組み」，同志社政策科学研究1巻，同志社大学院総合政策科学会，p.91。
3　中村祐司（2006）「スポーツの行政学」成文堂，p.426。

域や都市政策領域など限られた領域と交錯しながら模索されてきている。こうした状況を踏まえ，本章では，海外文献と国内文献のそれぞれの特徴を捉えたうえで，個別事例を検証することで先行研究が五輪招致のどこに焦点を当てていたかという点から論じる。

　第3章では，五輪招致領域のキーアクターであるIOCと2020大会の招致活動を展開した東京五輪招致委員会（以下，招致委）における諸アクターの関係を考察する。五輪招致領域の中心に位置するIOCの歴史及び組織構造，役割，資源，影響力を把握し，五輪招致の政策・行動の連続性をみる基盤とする。また，招致委を形成する政府や行政と各社会アクターが，自ら有する資源の交換関係を基礎に協働関係を結び，どのような戦略的意図を持ってネットワークの組み合わせや配列をしたのか検討を試みる。

　第4章は，2016年招致の敗因と2020年招致の成功の比較分析を行う。ロビイング活動を検証することで一元化された情報が諸アクターに再配分される構造を明らかにするとともに，東京に対する支持動向の推移を分析する。また，国際スポーツ大会の招致や開催を「国の責務」と明記したスポーツ基本法が2011年6月に成立したことで，16年招致で存在しなかった五輪招致の国家プロジェクトとしての位置づけがなされたことは一種のパラダイムシフトとなり，20年招致において政策ネットワークに変容がみられた点に注目する。

　第5章は，日本政府の招致活動への積極関与を明らかにするもので，16年招致と20年招致を比較し，政府関係者がどの地域のIOC委員や政府要人と面会を重ねたのか，非公開の内部資料を定量的に分析し，5つの大陸別に政府のロビイング戦略の特徴を導出する。面会資料や独自取材からIOC委員や外国政府要人に対し，政府が実行した全体戦略及び個別戦略の実像を描写するものである。

　第6章では，IOC委員の属性や動向を分析した内部資料を基にIOC委員が五輪開催都市を選択する際の投票行動で現れる特徴を4つに類型化し，

IOC 領域における調整を経たうえで一定の見解・政策に至る構造を明らかにする。また，招致委の中心アクターがどのように五輪招致という国際的プロジェクトの合意形成過程において諸課題を克服していったのか，その意思決定過程と課題をインタビュー取材を通じて提示する。政策形成構造について当事者によってある程度一般化された認識を知ることを目的とした。

　第 7 章は，皇室（宮内庁）に対して政治（首相官邸や文科省），行政（東京都），スポーツ（JOC）の各領域の主要アクターが継続的に皇室の招致活動への協力を求める働きかけを繰り返した点に着目する。2013年 9 月の IOC 総会で行われたプレゼンテーションへの皇族派遣をめぐる政治と宮内庁の見解の相違の調整を経て，特定の政策行動に移るための意思決定は，政策が政治，行政，スポーツとの相互作用を経てできた道筋である。日本の皇室が異なる領域と協働して歴史上初めて IOC 総会に参加したことは貴重な事例である。

　3 章から 7 章までは，1 章で示したネットワークの戦略的な協働関係の有効性を検証する試みでもある。すなわち，本研究は，五輪招致を事例として取り上げ，国際的プロジェクトの政策形成過程の理論フレームワークを提示し，一般化，体系化したことにより，様々な領域での政策形成過程に寄与できる学際的研究であるといえる。

　なお，本書各章に記載している組織の名称や所属・肩書については，いずれも各々の活動時のものである。

　また，刊行にあたって，ご支援をいただいた多くのみなさまに感謝を申し上げたい。

　まず，本書は，筆者が駒澤大学大学院グローバル・メディア研究科より学位を取得した際の学位申請論文「2020東京オリンピック・パラリンピック招致における政策形成過程の分析」（英文名：An Analysis of the Policy Formation Process in the 2020 Tokyo Olympic and Paralympic Bid）をもとにしてい

る。指導教授である各務洋子先生には，不出来な筆者を忍耐強く指導してい
ただいた。ご専門であるグローバル経営戦略の見地から，本書のような学際
的なアプローチの学問的な位置づけを明確にしていただいたことは，論文を
とりまとめる際の原動力となった。

　このほか，グローバル・メディア研究科の山口浩先生，西岡洋子先生には
審査の際にたいへん貴重なご意見をいただいた。早稲田大学大学院政治学研
究科の山田治徳先生には行政学，藤井浩司先生には公共経営の視座から筆者
が明確に意識していなかった点をご丁寧にご教示いただき，本研究の抱える
課題や限界についても詳細なご指導をいただいた。

　また，ケース・スタディを進めるにあたっては，2016及び2020東京オリン
ピック・パラリンピック招致活動に関わっていた自治体や官僚，競技団体，
議員，民間企業ら実務のみなさまに多大なご支援をいただき，取材やインタ
ビューをさせていただくことができた。この結果，国際招致活動の構造や戦
略を詳細に解明することができ，多くの方のサポートにより，この研究をま
とめることができたものと思う。

　そして，本書の趣旨をご理解いただき，出版をお引き受けくださった成文
堂の阿部成一社長，編集を担当していただいた小林等氏には，たいへんお世
話になった。ここに厚くお礼を申し上げる。

　最後に，辛抱強く見守ってくれた家族には心から感謝の気持ちを捧げた
い。

　　2022年1月

石 元 悠 生

目　次

第1章　政策ネットワーク研究における理論分析

　1990年代に入って政策ネットワークへの関心が高まった。急速な少子高齢化や国内経済のグローバル化やボーダレス化の中，政府や行政によって担われてきた公共的社会サービスに関わる政策領域の分権化が進み，政府や行政の公共政策の形成過程が変化している。公共的な政策立案に関わる政策形成過程が，公的領域から多元的な社会アクターに分散化していくと同時に，これまで政府・行政が独占してきた政策領域そのものが，複数の社会アクターによって共有されるようになった。政府や行政と各社会アクターは，自ら有する資源の交換関係を基礎に他の社会アクターと戦略的な協働関係を結ぶことになる。このような関係性をとらえる枠組みが「政策ネットワーク」（policy networks）理論である。本章では政策ネットワーク論が及ぼした研究変容の背景を導出するとともに，本研究の分析枠組みとするイギリスの政治学者の Rhodes,R.A.W が提唱した政策ネットワークを類型化し，その意義と態様を問う。

第1節　政策ネットワーク論の射程とネットワークの枠組み

第1項　政策ネットワーク研究の視座

　正木（2012）は，政策ネットワークは，政策の形成と実施過程における組織のアクター間の戦略的関係の構造と行動であるとする。さらに，組織アクター（利害関係者）が各自の資源を利用して公共政策の形成と実施過程を捉えるための理論的枠組みであるとしたうえで，政府と行政，民間の協働による公共的社会サービス領域における組織アクター間関係の分析研究などで政

策ネットワーク論が用いられることが多いとする。すなわち，政府と民間組織関係を考えるための「道具」であるとも指摘した[1]。

　岩崎（2012）は，政策ネットワーク論は，政策分野における政府アクターと社会アクターの関係に注目して政策形成過程の動態を明らかにしようとする理論であると地位づける[2]。風間（2013）は，政策ネットワーク論は1980年代中頃から欧米を中心に使用されるようになった政策形成過程の分析ツールと捉える。すなわち「政策領域において官民アクターが自主的に資源を持ち寄り問題を解決する関係性」と定義したうえで，①ネットワークを研究対象とする②政策をめぐる関係性を扱う③分析ツールである－という特徴を持つと解説した[3]。言い換えると，政策ネットワークは，公私のアクターが協働で政策形成・決定・実施にあたり，分散した資源を動員し問題解決しようとする「政策アレンジメント」として生み出された理論フレームと理解することができる[4]。

　Borzel,Tanja（1998）の分類によれば，政策ネットワーク論には大きく分けて「利益調整学派（interest intermediation school）」と「ガバナンス学派（governance school）」という2つの学派が存在する[5]。Borzelによると，アクター間の利害関係を調整するシステムを主に論じるのが利益調整学派の政策ネットワークで，その考え方は，米国，英国，カナダなどのアングロサクソン諸国で強いという。アングロサクソン型の政策ネットワーク論は，圧力団体研究の系譜の中から生まれてきたもので，行政機関－議会の委員会－利益集団によるごく限られた政策エリートの存在を特定し，その関係性を分析す

1　正木，前掲書（2012），p.92。
2　岩崎正洋編（2012）「政策過程理論分析」三和書籍，p47。
3　風間，前掲書（2013），p.1。
4　木原佳奈子（1995）「政策ネットワーク分析の枠組み」，アドミニストレーション第2巻3号，p.2。
5　Borzel,Tanja A.（1998）"Organizing Babylon:On the Different Conception of Policy Network," Public Administration No.76,pp.253-73.

るものである。一方，ガバナンス学派は，官民協調型ガバナンスの一形態と
して政策課題を解決するための政策ネットワークとして捉えられる。これ
は，民間にすべてを任せる市場型，国家組織を中心とする階層型の中間に位
置する形態とされる。このような政策ネットワーク概念は，ドイツを中心と
したヨーロッパ大陸を中心に発展した。

　ドイツの行政学者，Mayntz,R（1991）は，政策ネットワーク論が果たし
得る意義を国家が政策決定や実施に関して社会の諸領域，諸アクターに優越
的な地位を占めているという観念を否定し，「弱い国家」を前提とした。こ
れまでの多元主義理論と異なり，その考察対象を政策セクターレベル（メゾ
レベル）におき，政策ネットワーク論が組織化され，アクターの集団的活動
や公共政策形成における組織間関係の分析を焦点にあてていると捉える[6]。
Mayntz による政策ネットワーク論を研究する原田（1996）は，Mayntz に
依拠して一定の政策領域が一般に政策ネットワークとして認められる要素と
して①集団行動が要される②インフォーマルかつ水平的な，非対称でもあり
得る相互依存関係（権力関係）が存在する③政策形成・実施に関して機能的
に他の政策ネットワークと区別される④安定した中心的アクターあるいはヘ
ゲモニーを握ったアクターが存在しない⑤あまり多くの関与者が存在しない
⑥戦略的相互作用や他と敵対するための共同関係が存在することーなどを挙
げている[7]。

　こうした政策ネットワーク研究には，政府アクターと社会アクターの相互
活動の態様を政策セクターごとに分析しようとするアプローチで，Jor-
dan,A.G & Schubert,K（1992）は，政策ネットワーク研究の目的は相互依存
メカニズムの多様性を確定することにあると述べている[8]。しかし，政策ネ

6　Marin,B. and Mayntz,R.eds.（1991）Policy Networks:Empirical Evidence and Teo-
retical Considerations.Campass Verlag.

7　原田久（1996）「レナーテ・マインツの『政策ネットワーク』論」年報行政研究
,pp.150-151。

ットワークは確立された研究体系を持たず，論者によってそれぞれの枠組み
が工夫されている段階でもある。言わば，発展途上の分析枠組みともいえる
が，研究の流れをたどると，小池（1995）は4つの研究アプローチがあると
指摘する[9]。小池の指摘は以下の通りである。

　第1は，米国の政策決定過程研究で開発された政策共同体モデルである。
政策共同体は閉鎖的な小宇宙のようなネットワークであり，内部ではアクタ
ーの間に強い相互依存関係がつくられている。米国の政治学者のLowi(1979)
は，1950年から60年代にかけて圧力団体，議会，官僚の三者が密接に絡み政
策形成していく「鉄の三角形」を提唱した[10]。アクターの間に目的や価値に
対するコンセンサスができており，ひとたび確立された政策共同体への新規
参入は難しい。このため，閉鎖性と排他性が政策共同体モデルの基本的な特
徴である。また，米国の政策過程における専門家の重要性を指摘した研究と
しては，Heclo（1978）の「イシューネットワーク」が著名である[11]。政府，
立法者，企業，ロビイスト，学者，ジャーナリスト，など多様なアクターが
政策に対する批判者とのコミュニケートを通して新しい政策イニシアティブ
を生み出すという多元主義的モデルの枠組みも登場した。基本はオープン性
であり，政策課題ごとに形成される。米国における政策ネットワーク研究は
組織間の構造的関係よりも，個別の関係に焦点を合わせた個人アクター間に
おける関係レベルの研究が行われてきた。

　社会システム分析におけるキー枠組みである「分散化」概念を提唱した
Luhmann.N は，社会構造よりも「対人的な関係」に注目する。すなわち，

8　Jordan，A.G & Schubrt,k.（1992）"A Prelimimary ordering of policy networks leb-
els" European Journal of Political Research.No21,pp.10-11.

9　小池治（1995）「政府体系の研究」中央大学社会科学研究所研究チーム No3,pp.33-40。

10　Lowi,Theodore.（1979）The End of Liberalism.2nd ed.New York:Nortn.

11　Heclo,Hugh.（1978）"Issue Networks and the Executive Establishment," in Antho-
ny King(ed.) The New American Political System.Washington,DC:American Enter-
prise Institute,pp.87-124.

政府のある部門と密接な関係をもっているような政策ネットワークの多様性に政策形成の発生をみるからだ。こうした社会構造に着目することで，高度に分節化していく中から派生するイシューの発生の複雑さが利益団体の増加に反映されると指摘している[12]。

　第2には，ヨーロッパの政治学者による多元主義，コーポラティズム批判としての政策ネットワーク論である。Richardson and Jordan（1979）によると，英国では，議会を中心とした政治過程論への批判として発展した。英国の公共政策が中央官庁と圧力団体の間の閉鎖的な交渉によって決定されると指摘し，院外アクターの重要性を強調することになった[13]。研究の出発点となったのが，Heclo,H&Wildavsky,A（1974）による英国大蔵省の予算決定過程である。本来公的な資金配分を行うはずの英国政府が，多元的なコミュニティに変化し，さらに既得権益化する状況に対する分析を行った。大蔵省内部を「村落的コミュニティ」となぞらえ，主要な政治的，組織的に限定されたアクター間の個人的関係の重要性を指摘し，政策は閉じられた政策コミュニティ内部で策定されると位置づけた[14]。これに啓発されたRichardson and Jordan は，英国政治を多様なサブシステムから成る分散型の多元主義と捉え，それぞれのサブシステムの特徴として官庁と圧力団体とのパーソナルなネットワークの存在を強調した。そのうえで，「政策共同体」が英国の政策スタイルであると論じている。こうしたメゾ（政策セクター）レベルの政策決定のバリエーションを強調する政策ネットワーク論の枠組みは，1980年代後半から「政策ネットワーク」や「政策共同体」について国内及び国際比較研究が数多く行われるようになったとしている[15]。

12　首藤明和（2019）「N.ルーマンの社会システム理論におけるリスク論」多文化社会研究,5,pp.307-319.正木，前掲書（2012），p.96。

13　Richardson,Jeremy and Grant Jorda .（1979）Governing under Pressure.Oxford:Martin Robertson.

14　Hugh Heclo and Aaron Wildavsky（1974）,Private Government of Public Money（London: Macmillan）.

　第3は，組織間関係論の成果を積極的に取り入れた政策ネットワーク論を展開したイギリスの政治学者の Rhodes,R.A.W の枠組みである。ローズモデルの詳細や組織間関係論との関係性については次節で詳しく述べるが，Rhodes の政策ネットワーク論は，英国の社会科学調査協議会（SSRC）がスポンサーとなって1979年から始まった中央 - 地方政府間研究のための理論枠組みとして開発されたものである。Rhodes は，中央 - 地方政府関係について「権限 - 依存モデル」を示す枠組みを提示し，Heclo,H & Wildavsky,A の研究にヒントを得て「政策共同体」という概念を枠組みに取り入れ，政策決定をめぐる中央政府と地方政府の組織間関係を分析した。Rhodes はその後，中央 - 地方政府関係を越え，公共部門全体を包括する枠組みの構造を分析対象とした。このように英国の研究者にとって政策ネットワークは，多元主義やコーポラリズムを包括する圧力団体関係モデルの一つとみなすが，ドイツの研究者は，政策ネットワークを新しいガバナンスの形と捉えているとする。言い換えると，民間セクター組織の役割の増大と，国家機能の低下が特徴とされ，政府組織はもはや政治行動を推進する中心的なアクターとはみなされない。こうした概念は政策ネットワークでは枠組みや分析の対象ごとで微妙に異なり，概念枠組みの差異が政策ネットワークの概念そのものを曖昧にするものともいえる[16]。

　政策ネットワーク研究の第4のアプローチとして，政策実施研究におけるネットワーク分析を挙げる。これは，政府間コミュニケーションや本庁 - 出先機関の関係について，従来のトップダウン的な政策実施研究に対する批判から生まれたボトムアップアプローチに焦点をあてるものである。このアプローチが重視するのは，地方機関と民間団体との関係の特質，地方政治家の役割などを検討課題とする[17]。ボトムアップアプローチは欧米の多くの研究

15　小池，前掲書（1995），pp.34-35。
16　正木，前掲書（2012），p.97。
17　小池，前掲書（1995），pp.39-40。

者の関心も集めており，政府間管理の研究でもボトムアップアプローチが積
極的に用いられている。Laurence J.O'Toole（1990）の排水処理事業を考察
した研究は，米国の都市を事例に排水処理事業の民営化が地方の実施構造に
及ぼした影響をボトムアップアプローチの枠組みを用いて分析し政府間管理
における政策選択のあり方を論じている[18]。ただ，小池は，こうした政策実
施アプローチに関する研究はそれほど多くの蓄積がなく，理論的にも発展途
上にあると指摘する。政府間関係の制度と個別の実施ネットワークとの関係
など検討されるべき部分はかなり残るとしている[19]。

第2節　政策ネットワークの類型モデルの模索

第1項　政策ネットワークモデルの課題と特質──新川モデルと
Waaden モデル

　新川（1992）は，政策ネットワーク論の源流として英国の政策共同体アプ
ローチを挙げる。このアプローチについて，米国流の多元主義の政治モデル
が英国に輸入されることによって生まれた「変種」であると表現した[20]。米
国流の多元主義の政治モデルが英国に受け入れられた理由について，Jodan
Grant（1990）は，政治を公益追求のため崇高なものとして考える理想主義
より，英国の現実主義的な伝統が多元主義的な政治理論に適合したと指摘す
る[21]。新川は，政策ネットワークの定義について Kenis,P. & Schneider,V の
「政策決定，計画策定と遂行が公的，私的アクター間に広く配分もしくは分

18　Laurence J.O'Toole（1990）,Jr., "Multiorganizational Implementaition:Comparative
　　Analysis for Wastewater Treatment," in Robert W.Gage and Myrna
　　P.Mandell,Strategies for Managing Intergovernmental Policies and Net-
　　works,pp.81-103.
19　小池，前掲書（1995），pp.40-41。
20　新川敏光（1992）「政策ネットワーク論の射程」季刊行政管理研究 ,No59,p.13。
21　Jodan Grant.（1990）"Policy Community Realism versus 'New'Institutionalist Am-
　　bigguity".Political Studies38,pp.470-471.

散されている状況における政治的資源動員メカニズム」を採用し[22]，これを
ネットワークへの共通認識にするとした[23]。しかし，新川は政策ネットワー
クの問題点としてネットワークの類型モデルを確定する基準はなく，モデル
の乱立を危惧する[24]。

　新川によれば，提出されているモデルは次の通りである。「Policy Com-
munity」（政策コミュニティ），「Issue Network」（イシューネットワーク），
「Iron Triangle」（鉄の三角形），「Mesocorporatism」（協調主義），「Corporate
Pluralism」（企業多元主義）「Pressure Pluralism」（圧力多元主義），「Group
Subgovernment」（集団的指導体制），「Private Interest Government」（民間
と利害関係のある政府）など，多くのモデルが提唱され，中には同じ概念が
論者によって異なって用いられる場合もあり，モデルの有効性が著しく損な
われているとみる。

　Waadenモデルは，政策ネットワークを次の7つに分類する。①アクター
（参加者の数）②機能（政策決定過程へのアクセス，協議，情報交換，交渉，調
整，協力）③構造（ネットワークの境界が閉鎖的か開放的か，アクター相互行為
の持続性や頻度，関係の多様性など）④制度化（ネットワークの秩序とメンバー
間の関係の非対称性）⑤行動規範（ネットワークにおける交換関係を支えるゲー
ムのルール）⑥パワー関係（アクター間における資源とニーズの分配機能で，組
織間の関係構造）⑦行為者の戦略行動（アクター間で相互依存性をマネジメント
するための戦略を生み出す）－がある[25]。Waadenはこの後，参加する社会的
アクターの数とタイプ，ネットワークの主要な機能，権力関係に限定して11
の政策ネットワークの類型を導く[26]。マクロレベルからイシューネットワー

22　Kenis,P.and Schneider,V. (1991) "Policy Networks and Policy Analysis," In Marin
　　and Mayntz eds.,Policy Networks.Westxiew Press,.p.41.
23　新川，前掲書（1992），p.14。
24　同上
25　Waarden,F.van. (1992) "Dimensions and Types of Policy Networks." European
　　Journal of Political Research.No21,pp.32-34.

クまで多様な分析次元を包括的に把握していると，このモデルの有用性を指摘する見方もある[27]が，新川は「ワーデンの描写はあまりに詳細で，分析枠組みとしては，ほとんど有効性を持たないと思われる」との見解を示している[28]。

　新川は，政策ネットワークの類型化の基準を設定するには，ネットワーク論の基本的主張に立ち返る必要性があると指摘した。そのうえで，ネットワークにおける国家（機関）と社会（諸勢力）との相互依存的な関係性がどの程度のものかということが，類型化を試みるうえ上で重要なポイントとみる。また，ネットワークの閉鎖性がどの程度のものかということが，ネットワークの基本的特徴を表すと指摘する[29]。

　新川は，「ヨーロッパ政治研究雑誌」(European Journal of Political Research) 1992年 2 月号に掲載された Schneider,V のモデルを原型として，国家と社会との「相互依存」及び「閉鎖性」の高低から 4 つのネットワークモデルを提示した。新川が提示したネットワークモデルは以下の通りである[30]。

①政策カーテン：相互依存が低く閉鎖性が高い場合，社会アクターにとって政策へのアクセスが閉ざされ，政策形成過程は国家機関によって独占される状態が想定される。

②イシューネットワーク：相互依存性も閉鎖性低く，多くの社会集団が政策領域に参入し，ネットワーク環境と境界は不鮮明。多元主義モデル

26　Waarden,F.van.（1992）pp.38-49.

27　中村祐司（1996）「政策過程分析をめぐる一試論　―政策ネットワークの枠組みモデル構築の試みー」宇都宮大学国際学部研究論集　創刊号，p.56。

28　新川，前掲書（1992），p.15。

29　同上

30　新川，前掲書（1992），pp.15-17。

図1 新川提唱の政策ネットワークモデルの類型

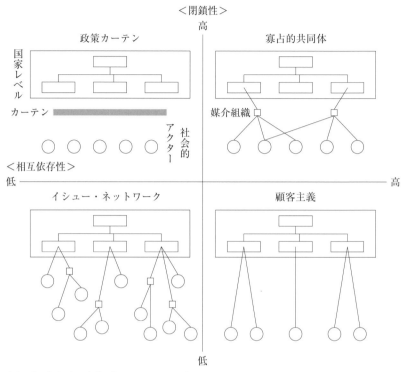

出典：新川敏光（1992）「政策ネットワーク論の射程」季刊行政管理研究,No59,p.15と p.17の類型図を基に
　　筆者が再構成。

の想定する政策過程に極めて近い。

③顧客主義（政策共同体）：国家と社会の相互依存性が高く，相互に信頼関
　係が生まれるもので，主要な利益集団が政府と直接チャンネルを持ち
　関係を構築する。

④寡占的共同体（政策共同体）：個々の利益集団と政府の間に媒介となる寡
　占的組織が存在し，媒介的組織が政府とのネットワークを独占する。
　例えば，「鉄の三角形」などがある。

　しかし，中村は，新川モデルの相互依存性や閉鎖性の高低における政策共同体の存在根拠について，「政策ネットワーク研究がマクロレベル研究の視点から把握されており，メゾレベル研究におけるモデルとしての有効性を欠いているように思われる」との見解を示した[31]。類型モデルを確定する基準がない政策ネットワークでは確立された研究体系が確立されないまま，論者や研究者の関心によって，それぞれの枠組みが工夫されながら議論される様を改めて示したとも言える。

第2項　Rhodes モデルの研究

　政府と利益集団のより現実的な関係を表す新たなモデルとして提示されたローズモデルと呼ばれる政策ネットワーク論は，多元主義論とコーポラティズム論の批判を起点に展開する。ここで言う多元主義論は，開かれた政策形成過程を前提とする。すなわち，自らの利害関係を政策に反映させたいと考える利益集団は，ロビー活動などで政府に対する働きかけを行う。政府はこうした要望に耳を傾け利害調整に徹する。一方，コーポラティズム論では少数のアクターによる閉鎖的な政策形成過程が特徴となる。この場合，利益集団を束ねる業界や分野の利害を代表し，政府はそういった機関との交渉を通じて政策を作り上げる。利益集団は組織化され，相互に密接な関係を築くとともに，政府もより積極的な政策形成過程に関与する。多元主義論とコーポラティズム論は，政府と利益集団の関係を一般化しようとするあまり，大雑把な議論に陥っているとされる。すなわち，政策分野によって両者の関係は異なっており，政策形成過程のより精緻な理解を目指すのであれば，分野ごとに検証するべきであると考えているのである[32]。

31　中村祐司，前掲書（1996），p.66。
32　Rhodes,R.A.W.and David Marsh. (1992) "Policy Networks in British Politics:A Critique of Existing Approaches." in David Marsh and R.A.W　Rhodes（eds.)Policy Network in British Government Oxford: Clarendon Press,pp.1-26.

　政策形成過程の精緻な理解を目指した Rhodes は，個人の行動様式に焦点をあてるミクロレベルよりも「組織」の行動様式を中心に考えるメゾレベルでの分析が必要だと考えた。その意味では，政策ネットワーク論は，保健，福祉，防衛といった「セクターレベル」の分析枠組みといえる[33]。すなわち，個別のイシューごとの組織間関係や政形成策過程をみるのではなく，セクターレベルの継続的なアクター間の資源依存関係や政策形成過程プロセスに注目し，そこから，一定の行動パターンや「制度」を抽出するところに理論的有効性があるとみる[34]。英国におけるメゾレベルのネットワークの特質を示した Richardson and Jordan の枠組みと Rhodes の枠組みの違いは，基本的に方法論と分析対象にある。Richardson and Jordan はネットワークに参加するメンバーの構成や代表性から政策ネットワークの多元性を判断しようとする。一方，Rhodes の枠組みは「権限－依存」を基盤とすることから，諸組織間の相互作用や相互調整の活動に焦点をあわせることになる[35]。こうした，Rhodes の枠組みの源泉について，牧原（1991）は Rhodes が最初に組織間関係論を検討したのは，第二次大戦後の米国で発達した組織と環境の関係から捉える組織間関係論で，基本的には Thompson,James D の相互依存的組織間関係論[36]に依拠し，ここでローズモデルの枠組みの骨格が形成されたと指摘する。トンプソンモデルでは，複数の単位組織が様々に交渉することで形成された複合組織が環境と交渉を行うレベルが存在し，単位組織は複合組織に包摂され，複合組織は環境に包摂されるという多層的な入れ子構造が存在する。これが，Rhodes の分析枠組みにおける人的関係のミクロ，利益団体と政府関係のメゾ，国家と市民社会の関係が観察対象となるマクロの三層構造を基礎づけたといえる。

33　Rhodes,R.A.W.and Marsh,D.（1992）"New Directions in the Study of Policy Net-
　　works." EJPR21:p.182.
34　木原，前掲書（1995），p.3。
35　小池，前掲書（1995），p.36。
36　Thompson,James D.（1967）Organization in Action McGRAW-HILL,Inc.

表1　Rhodes が整理した各レベルにおけるネットワークへのアプローチ

	ミクロ	メゾ	マクロ
社会学	グループダイナミックス 社会ネットワーク分析	組織間関係分析	政治経済
政治学	イシューネットワーク	サブガバメント， 政府間関係	ネオ・コーポラティズム

参照：Rhodes,R.A.W.（1990）"Policy Networks:A Brirish Perspective," Journal of Theoretical Politics
　　　Vol.2,No.3,pp294.

　トンプソンモデルでは相互に他者の必要とする資源を交換することで，相互依存しながらも他者に対する権力を有する組織間における権力依存概念も提唱した[37]。Rhodes が分析対象にした政策決定をめぐる「中央 - 地方政府関係」について権限 - 依存モデルを示した初期の分析レベルに続いて，Luhmann.N の「分散化」概念に関心を寄せた Rhodes が中央 - 地方政府関係を越え，研究対象を公共部門全体に拡大する枠組みのもとでローズモデルが社会構造の変容とともに多様化していく様がみてとれる。それまで支配的であった中央集権分権論ではなく，組織間の相互依存関係の実体的な把握を通じて「中央 - 地方政府関係」を研究対象とした分析で Rhodes は Thompson の権力的依存概念に依拠しつつ個々の単位組織がどのように相互作用を行うのか，次の5つの命題を提示した。①いかなる組織も資源に依存している②組織目標を達成するために組織は資源を交換しなければならない③組織内の意思決定は他の組織に制約されるが，組織内の支配的連合は自由裁量の余地を持つ。支配的連合の評価体系は，いかなる他の組織との関係を問題として認知し，いかなる資源を求めるべきかにつき影響を与える④支配的連合は交換過程を規制する認知されたルールの中で戦略を採用する⑤自由裁量の程度は組織目標と組織間の相互作用の潜在的かつ相対的パワーから生み出される。この潜在的かつ相対的なパワーは，各組織の持つ資源と組織間の交換

37　牧原出（1991）「政治・ネットワーク・管理—R・A・W・ローズの政府間関係論と八〇年代イギリス行政学」東京大学都市行政研究会，p.5，p.10。

過程におけるゲーム・ルールの産物である－と指摘した[38]。

牧原はRhodesの命題について次のように検討した[39]。①では中央－地方関係は一般に資源に関する取引として特徴づけられ，資源への徹底した還元がローズの枠組みの基調をなすとした。②では，組織目標は所与のものではなく，組織内での交渉と取引という政治的過程の産物とみなされるという。また，目標設定の過程は他の組織との領域を画する必要性もあり組織の内外から二重に制約される。③は組織内集団間で成立した支配的連合が意思決定の中心主体になる。この時の評価体系は社会事情や現実を基にした事実と価値による判断とされ，資源以外に組織間関係を規定する重要な因子になる。④の命題では，資源をめぐる組織間取引において利益を求めて策動し，結果に対する自らの影響力を最大化するゲームのルールに規制されながら，自らの目標達成に向けて戦略を採る。⑤は，Rhodesが地方自治という広く漠然とした概念を用いずに，公共部門組織間の相互作用の文脈で用いられてきた「自由裁量」概念に注目する。これは，「意思決定者が持つ意思決定上，策動する余地」と定義づけられ，中央政府に対し，組織内関係に立つアクターと組織間関係に立つアクターが自由裁量の程度差という尺度で一元的に把握されて論じられるというものである。

Rhodesは単位組織の結合体が相互作用する政策アリーナとしての上位レベル（メゾレベル）に観念するとし，この様なネットワークを総称して「政策ネットワーク」（policy network）と命名した。ここでの分析の中心は「政策コミュニティ」（policy communities）と「ナショナル・コミュニティ」（national community）で，政府の主要な機能的分業に基礎づけられた政策コミュニティをめぐるRhodesの事例分析では消防サービスや教育が対象となり，その特徴は以下4点に集約できる[40]。①機能的同業者：ネットワーク組

38　Rhodes,R.A.W.（1981）Control and Power in Central-Local Government Relations. Univ.of Essex.p.98.

39　牧原，前掲書（1991），pp.18-21。

織は，役務提供の団体や部局に基礎づけられる②広範囲の構成員：専門職団
体や労働組合など非公表部門の団体を包含し，準政府及び準非政府組織を含
む③垂直的な相互依存：政策執行者の役割を持たない中央部局は，政策執行
者たる組織に依存しつつ，政策執行の責任を負う④水平的な分節構造：ネッ
トワーク組織は中央部局を焦点にすることで，政策決定において水平的分節
化が進み，ネットワーク間は絶縁状態である。

　Rhodes はこの時点で，政策コミュニティ概念について，コーポラティズ
ム論と多元主義論と比較の中で，コーポラティズム論について「ネットワー
クの持つ秩序や階統性を強調する傾向にあり，ふさわしくない」と述べ，多
元主義論（イシューネットワーク）を「構成員の参入・退出を過度に強調す
る点で不適である」と批判した。そのうえで，コーポラティズム論と多元主
義論の中間に政策コミュニティを位置づける形で，政策分野ごとにネットワ
ーク組織を抽出することで，ネットワークの外縁を限定でき，「中央政府の
位置づけの再検討が政策分野の比較を通じて可能となる」とした[41]。

　次に Rhodes はナショナル・コミュニティの特徴について①地方政府の一
般的利益の共有：補助金交渉や地方制度改革②構成員の排他性：構成員は環
境省と政府の選出単位③垂直的な相互依存の限定：役務提供の執行について
責任を負わない全国的組織においては広範囲にわたる賃金や人員の交換がで
きる④外化された水平的構造：柔軟な水平的分化を遂げているため，広い範
囲で政策コミュティに浸透している。ナショナル・コミュニティは構成員で
ある地方政府の利益を独占的に代表する性質ではなく構成員の意思を統合す
るために必要な手段も持たず，一定の自律性を持って行動するものであると
している[42]。

40　Rhodes,R.A.W.（1986a）The National World of Local Government London:Allen
　　&Unwin,p.23.
41　Rhodes,R.A.W., 前掲書（1986a），p.25.
42　牧原，前掲書（1991），pp.23-24。

　このように Rhodes の研究が「中央 – 地方関係」を観察対象とした時は，政策コミュニティとナショナル・コミュニティの分析が中心であったが，分析対象が公共部門一般に拡大されると，コミュニティの種類も多様性を帯びる。多様なネットワークを分析するために Rhodes は次の5つの分析次元を示した。①利害関係の配置：ネットワークに参加者の利益は，サービスや経済の機能，領域，クライアント・グループや共通の技術知識によって異なる②構成員：公共部門と民間部門のバランス，政治・行政エリートや専門職員，労働組合，クライアント間のバランスによって異なる③垂直的な相互依存性：ネットワーク内の関係は，政策執行に関する中央政府とサブセントラル・アクター間の相互依存の度合いによる④水平的な相互依存性：ネットワーク間の関係は水平的分節化の制度で，相互の孤立や対立の度合いによる⑤資源配分：アクターの支配する資源の種類や量によって垂直的・水平的相互依存の度合いは異なるというものである[43]。

　さらに Rhodes は，英国のサブセントラルガバメント（SCG）[44]に関する政策ネットワークを経験的に分析し，メゾレベルのネットワークの特質を総合的にとらえるための次の6つの政策ネットワークの枠組みを類型化した。それが①「政策コミュニティ」（policy community）②「領域的コミュニティ」（temitorial community）③「専門家ネットワーク」（professional networks）④「政府間ネットワーク（intergovernmental networks）⑤「製作者ネットワーク」（producer networks）⑥「イシューネットワーク」（issue networks）といえる[45]。

43　Rhodes,R.A.W.（1988）Beyond Westminster and Whitehall（London:Allen & Unwin),p.77. 牧原，前掲書（1991），p.43。

44　Rhodes,R.A.W. 前掲書（1988),p14.「首都に存する中央の政治的機関と，国家によって承認された領域内のサブセントラルな政治的組織・政府機関との関係についての政治的活動のアリーナ」と定義される。牧原，前掲書（1991），p36。

45　Rhodes,R.A.W.（1990）″Policy Networks:A Brirish Perspective,″Journal of Theoretical Politics Vol.2,No.3,pp304-305.

表2　政策ネットワークの類型化

ネットワークの種類	ネットワークの特徴
政策（領域的含む）コミュニティ	安定性，非常に制限されたメンバーシップ，垂直方向の相互依存，制限された水平方向の結合
専門家ネットワーク	安定性，非常に制限されたメンバーシップ，垂直方向の相互依存，制限された水平方向の結合，専門家の利益に寄与
政府間ネットワーク	制限されたメンバーシップ，垂直方向の相互依存，広範にわたる水平方向の結合
生産者ネットワーク	メンバーシップの変動，制限されたメンバーシップ，専門家の利益に寄与
イシューネットワーク	不安定な，多数のメンバー，垂直方向の相互依存

出典：Rhodes and Marsh（1992）をもとに筆者作成

　この中で，「政策コミュニティ」は，少数のアクターによって構成され，最も閉じられた機能主義的なネットワークである。そのためメンバーの継続性や相互依存度が高く，ネットワークの安定性，独立性も高い。Rhodesは，ケーススタディとして，公共部門の支出に関するコミュニティ[46]を抽出し，構成員の排他性の他，中央政治や行政のエリートと領域的利益を代表する専門家集団の対立を特徴として挙げた。政策共同体の正反対に位置するのが「イシューネットワーク」である。このネットワークは政策課題（イシュー）ごとに形成される。政策課題に多かれ少なかれ関心を抱くアクターが多数参加する開かれたネットワークである。余暇やレクリエーションの分野にみられるように多様な種類の組織がアクターとして参加する。メンバー同士の相互依存度も低く，メンバーの出入りが自由に行われる緩やかなネットワークである。多元的なネットワークといえるが，政府アクターも積極的に関与する。

　「専門家ネットワーク」は，技術的な知識を必要とする政策分野にみら

46　Rhodes,R.A.W., 前掲書（1988),p237.

れ，分野の専門家で構成されるため，特定の専門家集団の利害関係が反映される。「健康」や「水道」事業の分野にみられるが，メンバー同士の相互依存度が高く，ネットワークとしての統合度も高い。技術的な知識を共有する専門家の集まりであるため，他のネットワークとのつながりはほとんどなく，独立性が強いのが特徴といえる。「政府間ネットワーク」は地方自治体の代表組織がメンバーであり，多岐にわたる政策分野に関与するため，さまざまな政策分野のネットワークとのつながりを形成する。が，行政サービスの提供を目的としたネットワークではないため，サービスの依頼，実施といった縦の相互依存性は存在しない。「生産者ネットワーク」は，経済的な利害関係を持つ官民アクターによって構成され，メンバー構成は絶えず変化する。このネットワークでは，商品供給と専門知識に関して産業部門に政府が依存している状態である[47]。

　ただ，これらのモデルは「連続性」という側面で，統合性，安定性，排除性の高い「政策コミュニティ」と，逆に低い「イシューネットワーク」の両極以外のネットワークの相違が明らかでなく，位置づけも明確でない。このため，Rhodes は David Marsh とともに，モデルを後に政策コミュニティとイシューネットワークを両端にする連続的政策ネットワークモデルに修正した。その分析次元として，①構成メンバー（参加者の数，利害のタイプ），②統合程度（相互作用の頻度，持続性，創意）③資源（ネットワーク内部や組織内部における資源配分）④パワーが挙げられる。すなわち，政策コミュニティへの参加者は非常に制限され，いくつかのグループは意識的に排除される。経済的，専門的な利益が支配的となり，政策課題に関連するすべての問題についてグループ全体で頻繁に相互作用を行う。また，メンバーシップや価値，政策成果の持続性など，すべての参加者が価値観を共有して成果の正当性を受け入れることができる。資源はすべての参加者が保有しており，交換

47　Marsh David and R.A.W.Rhodes,eds.（1992）"Policy Networks in British Government Oxford: Clarendon Press.

表3　連続的政策ネットワークモデルの分析次元

次元	政策コミュニティ	イシューネットワーク
1．メンバーシップ （a）参加者の数	非情に制限された数，いくつかのグループは意識的に排除	多数
（b）利益の種類	経済的および／または専門的利益が支配的	影響を受ける様々な利益を網羅
2．統合 （a）相互作用の頻度	政策イシューの関連する全問題についての全グループの頻繁で高品質な相互作用	接触の頻度及び強さが変動
（b）継続性	メンバーシップ，価値観，成果の長期的な持続	アクセスの著しい変動
（c）合意	全参加者が基本的な価値観を共有し，成果の正当性を受け入れ	度合いはあるが，対立は常に合意に存在
3．資源 （a）資源配分 （ネットワーク内）	全参加者が資源を保有しており，基本的な関係性は交換可能	一部の参加者は資源を保有しているが限定的で，基本的な関係性は協議によるもの
（b）資源配分 （参加組織内）	階層的，リーダーはメンバーを動かすことが可能	メンバーを統制するための多様で可変的な配分と能力
4．パワー	メンバー間のパワーは均衡。一つのグループが支配可能だが，コミュニティの存続のためには非ゼロサムゲームが必要	メンバー間のパワーは不均衡。不平等な資源およびアクセスを反映したゼロサムゲーム

出典：Rhodes and Marsh（1992:187）をもとに筆者作成

可能であり，組織における資源配分をめぐるリーダーシップが存在する。参加者のパワーは均衡で，一つのグループが支配することはできるが，参加者のパワーは安定的といえる。

　一方，イシューネットワークへの参加者は多様で，さまざまな利害影響に関わる利益を網羅する。ネットワークへの参加者の接触や強さは常に変動的で，イシューの重要性によって価値観や政策の継続性も変動する。合意の度合いはあるものの，参加者の対立は発生する。一部の参加者は資源を保有しているが限定的で，基本的な関係性は契約より協議を経て決まってくる。多くの参加者が資源や接触に制限され，不平等な資源配置による不平等なパワ

一関係などの特徴がある[48]。

第3項　政策ネットワークの資源依存の構造

　1970年代末からは，組織間におけるネットワークをより大きな社会環境との関係の中で枠組みの開発も進んだ。小池は，その一つを Howard Aldrich（1979）の「資源依存アプローチ」を挙げる[49]。このアプローチでは，資源が希少である場合，組織は目標達成のため他組織の資源に依存する資源を持つことで，例えば組織 A に対して資源を持つことができなかった組織 B は従属する。その結果，A は B に対して権力を有することになる。これは組織間の交換関係が対称でなく，非対称であることを意味する。このモデルの優れている点は，現実の組織間関係に存在する組織間の支配 - 従属関係を「資源依存」という側面から説明したことにある[50]。一方で，組織間関係を規定するマクロ構造の問題を取り上げ，社会構造から組織間関係をとらえる必要性を強調したのが Kennth J.Benson（1982）で，Rhodes は政策ネットワーク概念については，組織間の資源の相互依存性に注目する Benson の定義を採用している。それによれば，政策ネットワークとは，「資源依存によって相互につながっているが，資源依存の構造において他の集合体や複合体とは切断されている組織の集合体あるいは複合体」というものだ[51]。

　Benson は，組織のネットワークに資源が流れ込む度合いは環境によって規定され，それを「ネットワーク環境」とした。すなわち①資源の集中・拡散②権力の集中・拡散③ネットワークの自立・依存④環境の強さ⑤資源の多

48　Marsh David and R.A.W.Rhodes.（1992）"Policy Communities and Issue Networks." in David Marsh and R.A.W.Rhodes（eds.）Policy Networks in British Government.Oxford:Clarendon Press,p.260.

49　小池治（1995）「政府体系の研究」中央大学社会科学研究所研究チーム No3,p.31。

50　Howard Aldrich（1979）,Organizations and Environments（NJ:Prentice-Hall）.

51　Benson,J.Kenneth（1982）"A Framework fo Policy Analysis." in D.L.Rogers　and D.A.Whetten（eds.）Interrorganizationnal　Coordination:Theory,Research,and Implementation.Ames：Iowa State University Press,p.48.

募⑥統制メカニズムの度合 – によって多様な内容を持ちうるとした。このた
め，組織間関係を論じるには，ネットワーク構造とネットワークを取り巻く
環境との関係についての研究が不可欠としている[52]。さらに，Benson は，
組織間ネットワークの分析レベルとして多層的な「政策セクター」を捉えた
モデルを提示している[53]。ここで言う「政策セクター」とは，資源を依存し
あう諸組織からなる複数の組織間ネットワークの集合体として捉える。

　しかし，小池によると，「政策セクター」の分析は政治学ではポピュラー
な枠組みと指摘する一方で，組織研究分野では William Evan が1966年に提
示した「組織セット」モデル[54]をはじめ，組織ネットワークの境界問題が論
じられながらも「政策セクター」は注目されてこなかったと説明する。
Benson の「政策セクター」モデルは，既存の組織間関係研究の視野の狭さ
を批判し，より広い社会構造関係の中に位置づけられ，変化のダイナミクス
を理論化しようとした点で既存の組織間関係論から離れたことを意味する。
その後，Rhodes の政策共同体モデルなど多くの政策ネットワーク研究に大
きな影響を与えることになったと指摘する[55]。

　こうした資源依存アプローチを基礎とする政策ネットワークの定義につい
て木原は「フォーマルな組織と市場の中間的な形態であり，その性質はイン
フォーマル，分権的，水平的な性質が基本であるが，その本質的な資源依存
的な構造から資源依存関係の不均衡は，アクター間にパワーの関係やヒエラ
ルキーを生じさせる」と述べる[56]。

　では，政策ネットワークにおける「資源」とは何なのか。木原は「政策ネ

52　J.Kennth Benson（1975）"The Interorganizational Network as a Political Econo-my," Administrative Science Quarterly,vol.20, pp.229-249.

53　J.Kennth Benson, 前掲書（1982）,p.48.

54　William Evan（1966）"The Organization-set," in James D.Thompsoned.,Approach-es to Organizational Design（Pittsburgh:University of Pittsburgh press）.

55　小池，前掲書（1995），p.32。

56　木原，前掲書（1995），p.3。

ットワークは資源依存関係にある組織の群であることから資源が何を指すか
が問題になる」と述べている[57]。Rhodes は「いかなる組織も資源を交換し
なければ存続できない」という命題を基礎に，次の5つの資源概念に分類す
る[58]。①権威（法的資源）：法令や制度的慣習によって公的部門に共通して与
えられた役務提供に関わる強制あるいは裁量的権限。②資金（財政的資源）：
税金や役務料金，借入金を基礎とする公的部門の起債。③政治的正当性（政
治的資源）：公共政策決定構造に参加し，かつ選挙等によって選出されるこ
とによって代表者に賦与される公的支持を動員できる権限。④情報資源：
様々なデータを所有し，その収集，普及の一方もしくは双方を管理するこ
と。⑤組織資源：人的，技術，土地，建物，施設・設備などの資産所有と，
その資産にもとづき仲介者を経由せずに直接行為する能力。Rhodes の資源
概念を捉えれば，木原は，「アクター達が自己の目的を達するために他のア
クター達に依存し交換する（一方的交換・一般交換を含む）一切の有形無形の
ものであると理解し，個別具体的な資源（一次的資源，狭義の資源）ととも
に，資源変換能力（二次的資源，広義の資源）を含むもの」とする[59]。すなわ
ち，資源の内容によって参加資格や地位に変化が生じてくるが，いずれにし
ても，ネットワーク内の組織アクターは資源を調達・駆使することによって
自己優位性の獲得を目指すことになる。

第4項　政策ネットワークの課題

　政策ネットワークは政治学，社会学，行政学，組織間関係論が合流して政
策ネットワークの議論に発展してきたといえる。「政策」を媒体として国家
と社会の相互関係のネットワークを学際的に研究するという意味では，政策

57　木原，前掲書（1995），p4。
58　Rhodes.R.A.W.（1986a）.The National World of local Government（London:Allen &
　　Unwin).Rhodes.R.A.W（1986b）,"Power-dependence "theories of central local rela-
　　tion:a critical assessment,' in .Goldsmith,op.cit.,p.17.
59　木原，前掲書（1995），p.4。

ネットワーク研究はむしろ政策科学の分野に位置づけられるべきである。ただ，そこには，検討されるべき課題も残る。まず，政策ネットワーク理論は個人や個々の組織のミクロレベル，政府や団体を検証対象とするメゾレベル，国家や社会のマクロレベルにも目を向ける性格も併せもつ有用な分析枠組みである。そこで，ネットワークを構成する分析単位を「個人」とするのか，または「組織」に置くかなどでアクター同士による相互作用や調整でネットワークの持つ性格が変わってくるといえる。一方で，特定の政策領域によっては，個人や組織の顕著な差異が存在せず，政策・行動の連続性を読み解いていくことが困難なケースも想定される。つまり，政策ネットワーク論では観察者の関心が組織を代表する個人に集約されることはまれでなく，諸アクターは個人，組織，国家ないしはその連合体のいずれとして把握されてしまうのである。

　次に，政策ネットワークは取り巻く「政策環境」の変容に影響を受けやすいといえる。行政管理研究センター調査研究部（1989）がまとめた「日本の公共政策」によると，政策立案段階で財源や人的資源，世論などが政策内容に影響を及ぼすものを「外部環境」と呼び，一方で，関係団体のリーダーの資質であるとか，組織の内部紛争といった内部的な変動要因を「内部環境」という。こうした環境の変化は政策ネットワークの構成だけでなく，その範囲にも影響を及ぼす。政策環境とネットワークの連動性を把握することは，政策の有効性を確保するうえで不可欠の作業になる[60]。

　一方，政策ネットワーク論の理論と実証の体系をめぐる賛否も存在する。中村（2002）は批判論者，肯定論者とも互いに決定的な説得力を提示し得ないでいるとの見解を示した[61]。中村が述べる根拠は以下の通りである。中村

60　（財）行政管理研究センター調査研究部編（1989）「政策研究のフロンティア（Ⅱ）：日本の公共政策―その基準と実際―」（財）行政管理研究センター，pp.157-158。
61　中村裕司（2002）「スポーツ行政をめぐる政策ネットワークの研究」早稲田大学博士論文，p.21。

は，政策ネットワークの特徴は，個々の政策領域において異なる性質を持っ
たネットワークが形成され，「実証研究」の積み上げが政策ネットワーク論
構築の前提となると述べる[62]が，政策ネットワークをめぐる理論研究者側の
「疑問」と実証研究者側の「懐疑」の存在も指摘する。すなわち，理論研究
者側は，実証研究者側が政策ネットワーク研究を実証研究と同一視ないし同
化させていると反発し，実証研究者側は理論研究者側が「ひたすら概念論を
展開して事例研究に踏み込むことをためらっている」といった疑念を抱いて
いるというものだ。政策ネットワーク論の評価が定まらない根拠にミクロ，
メゾ，マクロの各レベル間において諸アクターの流動的，交錯した動態が見
られることを理由としている。政策ネットワーク論が政策学，制度学，管理
学という行政学の分立を合成状況に変えてくれるのではないかという期待が
ある一方で，中村は「いずれの領域も混在し，混迷の様相を呈しているとい
うことが挙げられる」としている。言い換えると①政策学は政策領域の制度
と管理に吸引する特質を本来備えている②管理学は調整ないし統治の行政学
であり，政策学の蓄積が不可欠③制度学は運営，摩擦，調整，制度を基盤と
する行政活動の動態を理解するためには行政学や管理学が必要になると述べ
ている。

62　中村祐司（1995）「スポーツ産業行政における『政策ネットワーク』の研究」スポー
　ツ産業研究 ,Vol.5, No.1,p.14。

第2章　五輪招致領域をめぐる先行研究と新規性

　五輪研究については，政治，経済，社会，外交，グローバル，市場，地区開発，芸術，文化，レガシーなどの隣接領域を巻き込みながら展開する事例は多い。こうした事例を踏まえ，中村は「五輪事業は関係する諸アクター間の相互作用が生み出すダイナミックな政策ネットワークの動態」と捉える。すなわち，五輪を対象とする単一で絶対的なアプローチなどは存在せず，多種多様なアプローチがあるのは自明との見解を持つ[63]。ただ，国内外を問わず多数の先行研究を確認できる五輪研究とは異なり，五輪招致研究は時代的趨勢を背景に外交領域や都市政策領域と交錯しつつ模索されてきたことが特徴の一つともいえる。

第1節　海外文献の先行研究

第1項　海外の五輪招致研究

　Rose and Spiegel（2011）は，五輪招致は，その国の政府が自由化政策を追求していることをシグナルとして機能する可能性があると論じている。彼らは，イベント開催国だけでなく，招致に失敗した国にとっても，輸出と全体的な貿易が増加したことを発見した[64]。観光や市場性の観点では，IOC はその国の観光インフラに関心を持っており，IOC ファミリー，メディア，

63　中村祐司（2018）「2020年東京オリンピックの研究─メガ・スポーツイベントの虚と実─」成文堂，p.123。

64　Rose,A.K.,and M.M.Spiegel.（2011）."The Olympic Effect." The Economic Journal 121:pp.652-677.

スポンサー，訪問者のための宿泊施設の能力があることを五輪開催都市の条件に掲げている[65]。また，観光を促進し，招致都市と国のイメージを向上させるため，都市固有の可能性にも関心を持っている可能性がある[66]。

　過去開催された五輪と他のビッグなスポーツイベントとの関連要因としては，2 つの連続した夏季五輪が同じ大陸で開催したことは過去にないことから，大陸ローテーションをもたらす地理的多様性も招致都市の選択の要因の一つに挙げられている[67]。また，五輪と国際サッカー連盟（FIFA）が主催するワールドカップ（W 杯）は世界の 2 大スポーツイベントとされ，世界的にも複数の国が招致を検討している[68]。つまり，IOC は五輪と W 杯開催の関連について注視していたともいえる。IOC は W 杯開催国からの五輪への立候補を歓迎するのではと推測する。例えば，スペイン（1982年 W 杯開催から10年後の五輪），米国（2 年），ブラジル（2 年）のケースなどがその例だ。第一に IOC と招致都市は，新しいスタジアムやインフラの改善により，世界の 2 大スポーツイベント間の相乗効果を利用しようとしている可能性がある。第二に，これらの国は，IOC と FIFA の両方の選挙で有利な特性を示す可能性があるとしているほか，世界的なスポーツイベントの開催経験も重視するとみている[69]。

　夏季五輪で IOC は，陸上競技と式典で 6 万人以上，サッカーの決勝戦では 5 万人以上のスタジアムを必要としている[70]。FIFA は，オリンピックフ

65　International Olympic Committee. (2008). Game of the XXXI Olympiad 2016 Working Group Report March,2008. International Olympic Committee. (2009). Report of the Evaluation Commission for the Game of the XXXI Olympiad in 2016.

66　Barclay,J, (2009). "Predicting the Cost and Benefits of Mega-Sporting Events:Misjudgement of Olympic Proportions？" Economic Affairs 29 (2):pp.62-66.

67　Andranovich,G.,M.J.Bunbank, and C.H.Heying. (2001). "Olympic Cities:Lessons Learned from Mega-Event Politics。" Journal of Urban Affairs 23 (2):pp.113-131.

68　Baade,R.A,and V.A Matheson. (2004). "The Quest for the Cup:Assessing the Economic Impact of the World Cup." Rigional Studies 38(4):343-354

69　Wolfgang Maenning and Christopher Vierhaus.(2017)." Winning the Olympic host city election:key success factors "APPLIED ECONOMICS,VOL.49,NO.31,p.3091.

ァミリーの重要なメンバーとして，開幕戦と決勝戦を開催する会場の収容人数を少なくとも8万人以上にすることを求めている。グループ戦，ファイナル16，準々決勝，3位決定戦については，最低でも4万席，準決勝を開催する会場については6万席の収容人数が必要とされている。このほか，五輪開催都市を決める選挙では，IOCは粘り強さを評価する可能性があり，何度も立候補に失敗した都市が選ばれるケースも多いとしている。社会基盤整備などとの関連では既存の交通や通信，スポーツ会場のインフラストラクチャーはIOCによる開催都市決定の要因となる可能性がある[71]。

Wolfgang Maennig and Christopher Vierhaus（2017）は，1992年から2020年までの夏季五輪を開催した8都市の選挙を分析した。この期間に立候補した国は27カ国39都市。また，2度目と3度目を含めると，IOCには59件の立候補申請があった。IOCが五輪開催都市を選択する要因を実証的研究として，五輪開催都市の選挙で勝利するための潜在的な決定要因となる147の変数を段階的にランク付ロジステック回帰モデルを用い，その変数の動的な進化を短期（1年）中期（5年）長期（10年）ベースで分析し，10の主要な成功決定要因を説明した[72]。

Wolfgang Maennig and Christopher Vierhausによると，10の決定要因は以下の通りである。①250万人以上の人口がいること②開催国の5年間の実質GDP成長率の推移③政治的な権利の成熟度④過去10年間に開催された国別世界選手権⑤国が最後に五輪を開催してからの年月⑥最後に国がW杯を開催してからの年月⑦4万人の収容可能なスタジアムの有無⑧IOCとの紛争に巻き込まれたかどうか⑨開催都市の住民の支持率67％以上⑩過去の五輪

70 International Olympic Committee.（2008）.

71 Humphreys, B. R.,and H.Van Egteren. 2012. "MegaSporting Event Bidding,Mechanism Design and Rent Extraction." In international Handbook on the Economics of Mega Sporting Events,edited by Meanning,W.and A.Zimbalist,17-36. Cheltenham, UK:Edward Elgar Publishing.

72 Wolfgang Maenning and Christopher Vierhaus.（2017）,p.3087.

の開催数－とした。

　決定要因の中でIOCが人口250万人未満の都市を排除する傾向があること
も分かった。すなわち，バルセロナ1992（立候補ファイルによると人口180万
人）を除いて，1992年から2020年までの夏季五輪開催8都市で人口250万人
未満の開催都市はなかった。例えば，2008年以来，IOCは，北京2008（人
口：1100万人），ロンドン2012（人口：750万人），リオデジャネイロ（人口：
1150万人），東京2020（人口：1320万人）というメガシティを選んだ。英国で
は過去にバーミンガム（人口：120万人，1992年），マンチェスター（人口：
260万人，1996年）も立候補したが，選択されなかった経緯がある[73]。

　世界の各大陸で順番に五輪開催が決まるとされる大陸ローテーションにつ
いては，立候補都市の地域によっても異なってくるため，一般的に弱い特徴
の一つに止めている。また，IOCは開催都市の住民の支持率も評価基準に
しているとされる。すなわち，都市の人口の少なくとも3分の2（67％）に
支持されていることが必要となる。実際2012年ロンドンでの支持率は68％だ
った。過去3回の開催都市を選ぶ選挙では，2012年のニューヨーク（59％）
と2016年の東京（56％）だけがこの値に達していなかった。IOC評価報告書
では実際，2016東京の支持率の低さを問題にした[74]。

　ただ，Wolfgang Maennig and Christopher Vierhausは「将来の五輪開催
国を予測するためにデータを使用するには限界がある」とも指摘する。その
理由として，データは立候補都市を元に作成したものであり，五輪開催都市
を決定するIOC委員の認識と異なる可能性があるとしている。さらに，
2014年末にIOCが批准した五輪の未来に向けた10年間の戦略的な工程表で
ある40の提言「オリンピック・アジェンダ2020」[75]で，五輪開催都市の選択

73　Shoval, N. (2002). "A New Phase in the Competition for the Olympic Gold:The
　　London and New York Bids for the 2012 Games." Journal of Urban Affairs 24(5):583-
　　599.
74　International Olympic Committee. (2009).
75　"Olympic Agenda 2020" IOC.(9 December 2014):http//www.olympic.org/Docu-

基準に変化をもたらす可能性にも言及している。実際，「アジェンダ2020」ですぐに実行に移すことができる提言は招致都市の決定プロセスであり，既存のスポーツ施設を最大限に活用するため，夏季五輪を 2 つの国にまたいで開催することができるようになった[76]。

Paul D.Poast（2007）は，IOC の開催都市選択について，経済的考察，米国企業依存，ヨーロッパのアイデンティティ，腐敗，IOC 会長の選好，分配の 6 つのカテゴリーに分けて説明した[77]。Paul D.Poast による説明は以下の通りである。

経済的考察説明では，立候補都市は五輪を開催するために，スポーツ施設，交通機関，メディアインフラ，ホテルや寮などホスピタリティソースを構築し，セキュリティを確保するため都市や政府からの財政保証が必要となる[78]。米国の企業依存の説明では，IOC が米国の企業やメディアプロバイダーに収益を依存しているため，IOC は米国の地政学的な好みを説明する可能性が高く，米国政府の選好に密接に関連した国のみを選択するよう強いられる可能性があるとしている。その顕著な例として，1996年夏季五輪を開催したアトランタが IOC 委員による五輪開催都市を決める投票で，現代五輪100周年記念の象徴で本命視されていたアテネに16票差をつけて勝利した決定的要因を，ギリシャ最大の日刊紙「タネア」は「コカコーラがアクロポリスに勝った」という見出しで失意を表現した。言い換えると，コカコーラの本社はアトランタにあり，パルテノン神殿が立つアクロポリスの丘はアテネ

ments/Olympic_Agenda_2020/Olympic_Agenda_2020-20-20_Recommendations-ENG. pdf.（閲覧日2019年 9 月 3 日）。

76　"Olympic　Agenda 2020" IOC（9December 2014):http//www.olympic.org/Documents/Olympic_Agenda_2020/Olympic_Agenda_2020-20-20_Recommendations-ENG. pdf.（閲覧日2019年 9 月 3 日）。

77　Paul D.Poast. (2007). "Winning the Bid:Annlyzing the International Olympic Committee's Host City Selections." International Interactions: vol. 33, issue 1, 75-95.

78　Kristine Toohey and A.J.Veal. (2007). "The Olympic Games:a social science perspective".p.66.

のシンボル。アトランタの財力がギリシャを打ち砕いたというわけだ[79]。

　ヨーロッパのアイデンティティの説明は，主に IOC 委員のヨーロッパの優位性が挙げられる。すなわち，1894年に IOC が設立された際，最初の15人の IOC 委員はヨーロッパから来ていた。ヨーロッパに属する IOC 委員は1998年には全体の41%だったが，2001年には48%に増加。他の大陸からの会員が20%を超えたことはない[80]とし，ヨーロッパの優位性を裏付けている。

　汚職の説明では，2002年のソルトレイクシティで汚職事件[81]が発覚した。開催都市の選択は，開催予定都市を代表する人から IOC 委員に贈られる贈り物（金銭的及び現物）に大きく影響されるとしている。

　IOC 会長の選好に関しては，IOC 会長の影響力の強さを指摘している。すなわち，会長が特定の都市を選択するよう他の IOC 委員に強制できる可能性もあるとしている。例えば，サマランチが IOC 会長を務めた時，彼の故郷のバルセロナが1986年にパリ，ブリスベン，バーミンガム，アムステルダムのような，より経済的に実行可能な候補都市の数々を相手にして戦い，1992年夏季五輪を開催するために選ばれたこともある[82]。

　分配説明では，同じ大陸で五輪を続けて開催しないという IOC の選好がある。ジャック・ロゲは，IOC が過去に北米の都市に2回連続して五輪を開催させたと指摘した。1976年のカナダ・モントリオールの後には1980年のニューヨーク州レイクプラシッドが続いた。また，1984年ロサンゼルスの後は1988年のカルガリー，アルバータ州が続いた。ただし，これらの例は冬季から夏季の相互比較に関連しているといえる。夏季五輪に関していえば，

79　「朝日新聞」1996年1月25日朝刊。

80　Alexandrakis,A.,and Krotee,M.L. (1988)．"The dialectics of the IOC".International Review for the Sociology of Sport,23(4):325-344.

81　猪谷，前掲書 (2013)，pp.118-121。2002年に開催されたソルトレイクシティ冬季五輪招致をめぐり複数の IOC 委員が開催都市決定の見返りに絡む金銭などの賄賂を受け取っていたスキャンダルが発覚。IOC は6人の委員追放を含む計20人の委員に処分を科した。

82　猪谷，前掲書 (2013)，pp.195-196。

1956年以降，同じ大陸で 2 回連続して大会が開催されたことはない。1960年以来，2 回のみ同じ大陸で冬季大会が開催されたことはある。1964年（オーストリア・インスブルック）と1968年（フランス・グルノーブル）。1992年（フランス・アルベールビル）と1994年（ノルウェー・リレハンメル）だ[83]。

　それをランク付きロジェット推定を活用し，1959年から2005年までのデータサンプルをテストした結果，Paul D.Poast は，「IOC の唯一の系統的傾向として開催国の多様性を維持し，立候補国の経済パフォーマンスを考慮する」と指摘した。IOC は開催都市を選択した年より前の10年間にわたって一人当たりの実質 GDP 成長率が高い国から都市を選択する傾向があるとしている。その一方で，賄賂の受け入れ，不均衡な欧州加盟国及び時の国際政治の情勢は IOC の開催都市の選択に重要な影響を及ぼさず，市や国の規模，市場の規模にもそれほど大きな影響はないと結論付けた。こうしたデータを駆使した回帰分析による研究は，ケーススタディ分析だけから導き出された結論に頼るよりも五輪の立候補都市の成功または失敗を予測することができるとしている。過去の五輪招致事例の成功要因や IOC の意思決定プロセスを統計的に分析した研究事例に加え，五輪招致では立候補都市が敗れた要因を考察したものが多くみられる。例えば，五輪招致に向けた理念やスポーツ振興より地域開発など都市の論理が優先された活動を検証したものが多いのも特徴といえる。

第 2 項　海外の五輪招致研究——トロント，ニューデリーのケーススタディ

　Oliver（2014）は，過去 5 回（1960年，1964年，1976年，1996年，2008年）のトロント市の五輪招致失敗は，五輪に対する「スポーツ愛」よりもトロント市のウォーターフロント地域への大規模再開発に五輪を活用したいという思惑が強かったと主張する。つまり，数十年，五輪というシンボルを掲げるこ

83　Paul D.Poast.（2007）.pp. 75-95.

とで，スポーツの力と権威を大規模開発に拍車をかけるために利用してきたと論じた。背景には，五輪が単にスポーツ云々ということではなく，インフラ整備など都市問題とも密接に関わることが挙げられる。

　Oliverによれば次の通りである。2008年五輪に向けた立候補期間の終了後，大規模開発はトロント・ウォーターフロント再活性化事業となった。一方で，立候補の過程を経てトロント市はスポーツにおける2015年全米大会の開催都市となったが，そこにはスポーツを通して人々の健康増進を図るという五輪立候補都市としての理念はなく，ウォーターフロント開発に意味と目的を与えようとする試みに終始した。トロント市は五輪招致活動を経て，結果的に大規模再開発という具体的なレガシーを残すことはできたが，トロント市のスポーツ政策における貢献は明確ではない。これをOliverは，五輪開催に向けて立候補してきたトロント市の「敗北のレガシー」と指摘している[84]。

　五輪招致に絡む都市開発を検証した研究では，Rasul A Mowatt & Jhatayn Travis（2015）が，2016年五輪招致で，シカゴが立候補都市に応募した際，会場予定地にある周辺自治体に与えた影響調査を示した。それによると，都市の重要な幹線地域は，五輪競技の会場として大規模開発の可能性がある「都市再生」地域となることを指摘した。

　調査では，開催都市応募に先立ち，輸送経路上で荒廃していると認識された地域の解体はすでに発生していたと主張する[85]。つまり，都市再生に選ばれた地域ではスポーツ産業や観光事業の進出で，家賃や資産価値が上がることで一等地となり，従来の地域の特徴を歪めているとした[86]。その結果，住民が他の地域に大規模に移住させられる「犠牲者」となり，地域社会の破壊

84　Oliver,R.D.（2014）"The legacies of losing:rethinking the failure of Toronto's Olympic Games bids" Sportin Society,17:2,pp.204-206.

85　Mowwatt,R.A & Travis,J.（2015）"Public participation,action,and failure:A case study of the 2016 Olympic bid",Loisir et Societe/Society and Leisure,38:2,p.263.

につながると主張する[87]。こうした現象は IOC と開催都市計画委員会の計画
過程における意識に基づくもので，強調しすぎると，地元の人々による立候
補都市への応募や招致活動への理解が排除されてしまうと警鐘を鳴らす。さ
らに，シカゴの招致活動中に市の経済状況が急激に悪化したことで地域の変
化が都市構造上，重要な要素である健全な文化の発達にも影響を及ぼしたと
論じている[88]。

　Kausik Bandyopadhyay（2014）は，インド五輪委員会（IOA）が財政面
でインド政府の保証なしに IOC に1992年五輪にニューデリーの立候補を意
思表示したものの，最終的にインド政府が開催都市として立候補を認めず，
断念した経緯について検証した。Bandyopadhyay によれば次の通りであ
る。IOA は，1982年にインドで開催されたアジア競技大会の成功体験をも
とに，92年五輪への立候補を計画した。しかし，1988年五輪がソウルで開催
が決まっていたことに加え，立候補都市となるにあたり，莫大な保証金を
IOC に支払わなければならないことなど課題が山積，政府承認の文書ととも
もに正式立候補書類を提出する期限の最終日にインド政府は応募レースから
の撤退を決めた。Bandyopadhyay はニューデリーの立候補をめぐる一連の
対応について，最も重要なことは，IOA とインド政府が適切な協力を結べ
なかったことで，そのために，世界におけるスポーツ国としてインドのイメ
ージも損なってしまったことが大きいと論じている。

86　同上 pp.249-50.
87　同上 p.252.
88　同上 pp.249-50.

第2節　国内文献の先行研究

第1項　国内の五輪招致研究

　次に日本における五輪招致研究に関して考察する。日本オリンピック委員会（以下，JOC）によると，日本は1912年にストックホルム大会[89]に初参加し，2020年夏季大会は日本で夏冬合わせて4回目の自国開催となる。こうした日本の招致活動の歴史は戦前に遡り，夏季大会の最初は「幻の東京オリンピック」として知られる1940年大会で東京開催が決定していたが，日中戦争の拡大で返上を余儀なくされた歴史がある[90]。

　中村（1985，1989，1993）は，1940年大会の招致から返上までの経過を3部作で分析し，開催都市の返上直後の動向を検討した研究について当時は五輪競技組織が十分に存在しなかったことや，五輪招致活動のきっかけがスポーツ界からの内発的な要求でなかったことなどを明らかにしている[91]。中村は，当時の雑誌や新聞，外交資料など基に政治や経済，軍事背景から日本がこの時期に五輪招致した理由として①五輪はすでにヨーロッパで9回，米国で2回開催され，アジアでは初の開催となること②開催の1940年が神武天皇の即位紀元2600年にあたり，日本にとって特別な年だったーなどと指摘して

89　日本から金栗四三と三島弥彦の2人が参加した。マラソンに出場した金栗は出場国内代表選考会で世界記録を上回るタイムを出したが，レース途中に日射病で倒れ棄権扱いになった。金栗はその後，日本マラソンの発展に尽くして「日本マラソンの父」と呼ばれるようになった。三島は陸上100m，200m，400mに出場。400mは予選通過したが，長旅の疲れで棄権した。

90　永井松三編（1939）報告書「第十二回オリンピック東京大会組織委員会」報告書。

91　中村哲夫（1985）「第12回オリンピック東京大会研究序説：その招致から返上まで（1）」三重大学教育学部研究紀要，三重大学教育学部，pp.101-112。中村哲夫（1989）「第12回オリンピック東京大会研究序説：その招致から返上まで（2）」三重大学教育学部研究紀要，三重大学教育学部，pp.129-138。中村哲夫（1993）「第12回オリンピック東京大会研究序説：その招致から返上まで（3）」三重大学教育学部研究紀要，三重大学教育学部，pp.67-79。

いる。この紀元2600年を記念するため，東京五輪大会だけでなく，札幌冬季
五輪，日本万博博覧会も開催する予定だったが，いずれも五輪同様に開催は
中止となった。夫馬（2016）は，その経緯を記し，当時の写真や図版から，
五輪マークや万博ポスターを作成した人物らに焦点を当て「幻」の五輪・万
博の開催決定から返上までを振り返っている[92]。

　田原（1995）の「第12回オリンピック競技大会（東京大会）の中止に関す
る歴史的研究」は招致された東京大会の返上課程を①外務省の外交記録の文
書によって諸外国の動向の把握②IOC自体の動向をIOC本部所蔵の書簡や
資料を分析③東京大会中止に至るIOC委員としての副島道正の役割を究明。
そしてIOCから技術顧問として派遣されてきたヴェルナー・クリンゲベル
クの動態を分析し，報告書だけでは分からなかった諸アクターの大会中止へ
の役割や過程を報告した[93]。

　また，田原は「第12回オリンピック競技大会（1940年）開催地をめぐる票
読みと投票結果」では，東京を支持したIOC委員とそうでない委員の出身
国の傾向を明らかにすることを目的とした。IOCベルリン総会（1936年7月
29〜31日）の最終日に行われた1940年の五輪開催地を決める投票に当初，ロー
マ，バルセロナ，ヘルシンキ，ブダペスト，ダブリン，アレキサンドリ
ア，ブエノスアイレス，リオデジャネイロ，トロントと東京を合わせて10都
市が名乗りを上げ，最終的にはフィンランドのヘルシンキと東京の間で競わ
れることになった。投票の結果，東京が36票，ヘルシンキが27票を獲得し東
京が開催地を獲得したことを踏まえ，当時の日本でどのような票読みが行わ
れていたのかを雑誌，新聞から分析し，実際の結果と比較検討するものであ
った[94]。

92　夫馬信一（2016）「幻の東京五輪・万博1940」原書房 pp.46-116。
93　田原淳子（1995）「第12回オリンピック競技大会（東京大会）の中止に関する歴史的
　　研究」中京大学博士論文。
94　田原淳子（2000）「第12回オリンピック競技大会（東京大会）開催地をめぐる票読み
　　と投票結果」日本体育学会，第51回大会号，p.136。

　当時の票読みと投票結果は田原の研究によると以下の通りである。ベルリン総会時のIOC委員は45カ国68人で，地域別でみると，アジアは5カ国7人，北米は3カ国5人，中米が2カ国2人，南米が5カ国8人，オセアニアが2カ国3人，アフリカが2カ国2人。非ヨーロッパ出身者は19カ国27人であり，ヨーロッパ地域出身者は26カ国41人であったとされる。日本での票読みは昭和11年（1936年）8月に発行された雑誌「オリンピック」第14巻第8号の中で，昭和期のスポーツ指導者で元JOC名誉委員で日本陸連理事長だった鈴木良徳は「日本はアメリカ両大陸，亜細亜で二十一票，それに欧州では伊太利，瑞西，白耳義で六票，国際の関係は悪化しても距離とスポーツと云ふ點で濠州より三票，即ち三十票を豫想されてヘルシングフオルスより多数」と述べるなどヘルシンキより多数の得票を見込んでいたという。

　また，東京朝日新聞は昭和11年7月25日〜31日にかけて投票前のIOC委員の動向や票読みに関連する記事を掲載。それによると，日本の委員があまり立ち入った運動をしない方が有利だというIOC委員のバイエ・ラトゥールの助言で，現地の嘉納治五郎，副島道正の両IOC委員は米国のガーランド，ドイツのレヴァルト，バイエ・ラトゥールと連絡を密にとり，彼らを通じて他の委員にも働きかけを行った。その結果，東京朝日新聞が7月27日夕刻の状況として，同月29日夕刊で出席者52名のうち個人名を上げて次の22票をほぼ確実と報じた。ヨーロッパ諸国（ベルギー1，オーストリア1，チェコスロバキア1，フランス1，ドイツ3，アイルランド1，デンマーク1，イタリア3）から12票。北米3（米国2，カナダ1），南米2（ブラジル1，ペルー1），オセアニア1（オーストラリア），アジア4（日本2，中国1，インド1）。また欠席者14名のうち8名が東京への投票が確実であると報じた[95]。

　田原によると，投票結果は郵便投票とIOC総会への出席者による投票が行われた。まず，ベルリン総会に出席できないIOC委員を中心に行われた

95　「東京朝日新聞」1936年7月25日〜7月31日までの主に夕刊。

郵便投票では東京への票は17票で，ヘルシンキへの票はなく残る 2 票については都市名の記載が確認できなかった。東京への票はベルギーの 1 名を除くすべてが非ヨーロッパ諸国の出身者からであったという。一方，ベルリン総会への出席者は49名，欠席者は19名であった。投票用紙はヘルシンキに27票，東京に19票，ロンドンに 3 票存在した。ロンドンは一度立候補を表明したが，撤回していた。この結果，東京が36票（郵便投票17票 + 総会投票19票），ヘルシンキは郵便投票 0 で総会投票27票だったことが判明。総会出席者の中で東京に投じられたヨーロッパ諸国の票は，わずかにドイツ，オーストリア，イタリアの 3 国にしぼられることも分かった。田原（1993）は東京大会の開催中止に関する諸外国の反応も研究し外務省の在外公館と本省との間で交わされた往復文書を資料として分析した。その結果，中止に賛同は17通，中止を非難が 1 通，中止に理解は 3 通だった。中止への賛同については「大会の中止は懸命な策であり，国際的な緊張を見ずにすんだことに対する安堵が数多く伝えられた」と記述した。一方，中止を非難したものは米国のみだった。米国からはこの文書以外に日本軍部への非難が中止決定後にも多く寄せられた。また，ドイツとフィリピンからは大会を中止支持するというよりも，理解を示していたというもので，田原は「在外公館からの報告によると，それは社交的な立場からの『理解』とみられるものである」と指摘している[96]。

　猪谷は，1940年大会の立候補都市の中では当初，ローマが最有力視され，初動が遅れた東京は苦しい戦いだったとした。だが，副島らがローマ対策も兼ねてイタリア大使に転任したIOC委員で前国際連盟事務局次長だった杉村陽太郎とともにイタリア首相，ベニート・ムッソリーニを訪問し，ローマの辞退を了承させるという大きな功績をあげたとした。背景には当時日本と

96　田原淳子（1993）「第12回オリンピック東京大会の開催中止をめぐる諸外国の反応について：外務省外交史料館の文書の分析を通して」体育学研究，38，日本体育学会，pp.87-98。

イタリアが進めていた軍事体制の協力強化があったとも言われ，当時の日本は外国と交渉するうえで高い能力があったと指摘している[97]。猪谷は「最近の招致活動で足りないのは外交能力だと考える。外務省の協力を得て適していると思われる人物をある国や地域にひそかに赴任させ，情報収集や下工作をさせることは他の国々では当たり前に行われている」とも述べている[98]。

　田原は，投票は東京への賛否がヨーロッパ対非ヨーロッパという構図になったと見方を示した。そのうえで，「IOC 委員の構成比からすれば日本は不利な情勢にあったとみられるが，最終的に投票結果に大きな影響を与えたのは，当時の日本が政治的に結んでいた同盟関係であったと考えられる」とし，猪谷同様に政治的な同盟関係が投票行動に影響を与えたと結論付けた。

　先行研究では，こうした幻の開催となった1940年大会の招致経緯から返上を分析したものが最も多く，本研究でも研究対象とする IOC 委員の投票行動を扱った先行研究で IOC 委員の票の内訳を明らかにしたのは田原の論文以外に見当たらないのが現状である。一方，アジアで初めて開催された1964年東京大会に関する研究は極めて少ない。その理由について，内海（2008）は「第18回東京大会関連の書物はあるが，それらの大半は小説やルポルタージュ，あるいは競技史の形態をとっている。性格上，不明な点はフィクションとして完結させる傾向にあり，研究として掘り下げたものは少ない。現在の日本の課題からすれば，1964年のほうが1940年よりも遥かに直接的であり，教訓も多いはずであるが，研究の実態は異なっている」と指摘している[99]。

97　猪谷，前掲書（2013），pp.167-169。
98　同上，p.169。
99　内海和雄（2008）「オリンピックと資本主義社会3：オリンピック招致と日本資本主義」人文・自然研究，2:4-121，一橋大学教育開発研究センター，PP.58-59。

第 2 項　国内の五輪招致研究──64年東京, 名古屋, 大阪のケーススタディ

　1964年五輪招致は, サンフランシスコ講和条約が発効した直後の1952年 5 月に当時の安井誠一郎・東京都知事が1960年大会の招致を表明すると, 東京都議会, 衆議院が招致決議案を可決した。しかし, 1955年 6 月に開催されたIOC パリ総会では, 東京以外にローザンヌ, ブリュッセル, ブダペスト, デトロイト, メキシコシティー, ローマが立候補し, ローマが選ばれた。続く1964年大会招致では, 岸信介首相を会長とした招致委員会を立ち上げ, ヨーロッパや中南米に招致使節を派遣し, 各国・地域の IOC 委員に東京招致を働きかけた。派遣された中には, 自費で命がけで中南米を旅して説得工作をし, 後に IOC からオリンピック100周年を記念するトロフィーを贈られたロサンゼルス在住の二世, フレッド・イサム・ワダ（日本名・和田勇）もいた。1959年 5 月ミュンヘン総会で, 1 回目の投票で56票中34票を獲得し, デトロイト, ウィーン, ブリュッセルを下してアジア初の開催を決めた経緯がある[100]。以後, 日本は戦後だけでも20年大会を含め夏冬（夏季・東京 2 回, 冬季・札幌, 長野） 4 回のオリンピック開催国となる。オリンピック開催が最も多いのは米国で, 夏 4 回, 冬 4 回の計 8 回。国力があり, スポーツが盛んなこともあるが, TOP スポンサーの多くが米国企業である影響も大きい。米国に続くのはフランスの 5 回。ただし, 夏季大会に限れば, 100年近く開催されておらず, 前回（1924年大会）から100年目となる2024年大会で 6 回目の開催が決まっている。 4 回目の開催となる日本に続く 3 回の開催国はドイツ, イタリア, カナダ, 英国で, 2 回開催が韓国, オーストラリア, ギリシャ, スイス, ノルウェー, オーストリア, ソ連時代を合わせたロシアと続いている[101]。

　「幻のオリンピック」となった1940年大会, 新型コロナウイルスの影響で開催が 1 年延期となった20年大会の招致成功を含め, 通算 5 勝 6 敗となる日

100　JOA（2016）, pp.36-37。
101　猪谷, 前掲書（2013）, pp.172-176。

本の五輪招致では，先行研究として2008年夏季大会招致で北京に敗れた大阪市のケースと，1988年夏季大会に立候補してソウルに敗れた名古屋市の事例などが確認できる[102]。

　原田（2001）は，自身が08年大阪五輪・パラリンピック招致に「招致委員会参与」として関わった経験を元に著されたものである。08年大会の開催都市は2001年7月13日，モスクワで開催されたIOC総会で北京に決まった。大阪は1回目の投票でわずか6票しか取れず最下位となった。大阪招致の敗因として，以下3点について述べている。①1999年の五輪スキャンダル以後，IOC委員の訪問禁止，招致費用の公開，出身国委員の投票禁止など五輪開催都市選定の基本ルールが変更となり，情報不足のまま受け身の招致活動を展開したことを挙げた。②他都市がIOCが決めた招致ルールを拡大解釈する中，大阪はルールを頑なに守ったことが6票という最低の得票数につながった。③日本では国際ネットワークで活躍するスポーツ関係者が少なく，情報収集で大阪は孤立無援の戦いを強いられたというものである[103]。

　猪谷（2013）は，大阪は99年6月にソウルで開催されたIOC総会を視察せず，IOC委員にアプローチする機会を失ったとしたうえで，招致活動は大阪が自ら活動自粛をしたとの見解を示す。原田が言う「情報収集で孤立無援の戦い[104]」とは見解が異なるといえる。この時，ライバル都市の北京は大派遣団をソウルに送り込んだ。国際スポーツ界へのちぐはぐなアプローチに加え，情報分析の不足を指摘するなど大阪の招致活動は問題が多すぎたと論じている。

　次章で詳しく触れるが，16年招致が敗れた要因には，国際スポーツ界で活躍する日本人が他国に比べて少ないことが挙げられる。一方で，大阪招致，

102　「日経新聞」2013年9月9日夕刊。
103　原田宗彦（2001）「2008年大阪オリンピック招致活動報告」スポーツ教育学研究，Vol1.20,NO.2，日本スポーツ教育学会，pp145-148。
104　国際舞台で活躍する日本人スポーツ関係者が少なく，情報収集で他都市に比べ協力が得られないという趣旨。

名古屋招致の活動資料はほとんど残されておらず，16年招致がそこから学ぶ
ことは少なかったと考えられる。池井（1992）は，名古屋招致の失敗は開催
都市を決める IOC 総会直前のロビイングの悪さが原因と指摘した。1981年
IOC バーデンバーデン総会で名古屋はソウルに27票対52票で敗退した。下
馬評で有利とされていた名古屋の油断と韓国の国を挙げた活動も理由とされ
た。すなわち，ソウルは投票までの10日間に①分断国家であること②過去36
年間にわたり日本に植民地支配されていたこと―などを IOC 委員の感情に
訴えた。夏季と冬季の 2 回，五輪開催した日本は北朝鮮を除き，全ての世界
の国々と国交があり，安定した治安に宿泊施設の完備など条件面でリードし
ていることで自信を深め，ソウルの追い込みに危機を募らせることなく最後
まで勝利を確信していたと指摘する[105]。池井はこうした日本の五輪招致を日
米外交史の視点からの分析を続けており，1940年東京五輪招致から返上まで
もコンパクトにまとめた経緯もある[106]。

　一方，招致そのものの功罪に関する研究については石坂（2008）が論じて
いる。五輪における都市の論理が大規模開発や再開発による都市や地域の活
性化を第一義におくとすれば，開催への住民理解と象徴性担保が最も効果的
に五輪を招致し，開催する前提条件になるはずと述べる。招致費用について
も触れ，名古屋が約 1 億5000万円，1998年長野冬季五輪は19億5000万円，大
阪は48億円が費やされたとした。五輪への財源投資が福祉政策に関する予算
の削減につながるのであれば，五輪の意義は著しく損なわれると主張する。
ちなみに，16年招致は149億円，20年招致は89億円の招致経費だった。石坂
は，大阪招致失敗とともに大阪湾の人口島に建設が予定されていた競技施設
建設計画が白紙に戻され，市が起債した借金は1100億円に上ると指摘する。

105　池井優（2016）「オリンピックと日本外交：三つの"東京オリンピック"を中心に」
　　法学研究，Vol.89(4)，pp.25-26。
106　池井優（1984）「1940年　東京オリンピック―招致から返上まで」『戦間期の日本外
　　交』入江昭，有賀貞編，東京大学出版会。

招致を当て込んだ開発は無謀と説き，大会後の施設の後利用についての議論の必要性を述べている。その上で，五輪招致に関する研究は緒についたばかりで，個別事例の時間軸をいれたケーススタディが必要であると提案する[107]。

107　石坂友司（2008）「オリンピック招致の功罪に関する社会学的研究」筑波大学体育学系紀要31巻　つくば：筑波大学体育系，pp.199-202。

第3章　五輪招致の政策ネットワークをめぐる
　　　　諸アクターの一考察

　本章では，五輪招致をめぐるキーアクターである IOC と20年大会で招致
活動を展開した東京オリンピック・パラリンピック招致委員会[108]（以下，招
致委）を中心に，その政策変容と関連の諸アクターの関係を考察する。五輪
招致領域を形成する IOC の歴史及び組織構造，役割，資源，影響力を把握
し，実証研究に取り組むにあたり，政策・行動の連続性をみる基盤とする。
また，招致委が自ら有する資源の交換関係を基礎に他の社会アクターと戦略
的な協働関係を結び，どのような戦略的意図を持って政策ネットワークの組
み合わせや配列をしたのか検討を試みる。分析次元としては，参加メンバー
の属性や数，利害の類型を観察する。また，政策立案や実施に関する協議や
連絡調整などから相互作用を導出し，諸アクターの機能と役割を読み解いて
いきたい。

第1節　IOC の歴史と組織構成の動態

第1項　IOC 委員の属性と役割

　IOC は1894年，近代五輪の提唱者であるフランス人男爵，ピエール・ド・
クーベルタン氏がパリ・ソルボンヌと呼ばれるパリ大学の講堂に20カ国47団
体，79人を集めてパリ国際スポーツ会議を開催した際に設立した。そこで
は，第1回近代オリンピック・アテネ大会が2年後に開催されることも決め
られ，ギリシャ人実業家，デメトリウス・ビケラスが初代会長に就いた。ク

---

[108]　2020五輪招致委員会は2011年9月15日に招致活動の中心的な役割を担う組織として
　設立され，翌2012年4月2日に特定非営利法人としての認証を受けた。

ーベルタン自身は事務局長となった[109]。K.TOOHEY と A.J.VEAL による
と，IOC はこの2人を含めて15人からスタートした[110]。現在の定員は「五輪
憲章」で115人と決められ，選手会から15人と，国際競技団体（IF）連合の
会長，役員あるいは幹部から15人，国内オリンピック委員会や大陸別オリン
ピック委員会連合の会長や役員から15人で，最も多いのが個人資格の委員70
人である。個人資格の委員は，各国オリンピック委員会（NOC）や IOC 会
長自らの推薦を受け，IOC の推挙委員会が審議を行って優先順位を決め，
理事会選考・総会承認を経て IOC 委員となる。属性は王室，弁護士，医者，
政治家，公務員，実業家，高級官僚，裁判官，軍人，オリンピック役員，ト
ップアスリートに区分できる。現在の任期は8年で再選については理事会が
決める[111]。

　また，IOC メンバーは，当初は強制的に引退することを選択された場合
を除き，終身雇用としていたものの，1966年に75歳までの年齢制限が導入さ
れ，1975年には72歳まで引き下げられ，その後1995年には80歳まで引き上げ
られた[112]。これは，1920年生まれのファン・アントニオ・サマランチ会長が
1997年の IOC 会長選に出馬できるよう配慮したためである。1999年に IOC
委員の年齢制限は再び70歳に下げられ，「個人」委員と「現役選手」委員の
任期は8年と定められたが，再選された場合は年齢制限まで再び8年間の任
期延長が可能となった。その他の委員は NOC や IF における役職の任期と

109　猪谷千春（2013）「IOC オリンピックを動かす巨大組織」新潮社，p.35。Olymipic
　　　Charter（2020）"Premble".https://stillmed.olympic.org/media/Document%20Li-
　　　brary/OlympicOrg/General/EN-Olympic-Charter.pdf（閲覧日2020年8月21日）
110　K.TOOHEY & A.J.VEAL（2007），"THE OLYMPIC GAMES：2ND EDITION A
　　　SOCIAL SCIENCE PERSPECTIVE.",CAB Internastional,pp.47-48.
111　ジャン・ルー・シャプレ＆原田宗彦（2019）「オリンピックマネジメント」大修館書
　　　店，pp.56-58。結城和香子（2014）「オリンピックの光と影」中央公論新社，p.165。
　　　Jean-Loup Chappelet & Brenda kubler-Mabbott,（2008）The International Olympic
　　　Committee and the Olympic System-the governance of world sport,（London:Rout-
　　　ledge）p.22. などがある。
112　Jean-Loup Chappelet and Brenda kubler-Mabbott（2008）pp.21-22.

同様とされた。現在でも年齢制限を超過した IOC 委員が在籍しているが，改革が行われた1999年以前に IOC 委員に選出された人物に限られる。さらに，任期の 8 年が経過後の再選は現役選手を除き，ほぼ自動的に行われる。2014年以降，最大 5 人の IOC 委員に対し，年齢制限が 4 年を超える任期延長が認められるようになったため，74歳までの就任が可能となったが，委員が重要ポストに就いている場合に限られ，判断は IOC 理事会に委ねられている[113]。

　IOC は，スイス法（スイス民法第60〜79条）に準拠する非営利団体である[114]。2000年にスイス連邦との間で署名が行われた協定書により，組織の所得税の免除や国籍を問うことなく職員が特別労働許可を獲得できる権利（他の組織では同様の措置はない）など，いくつかの優遇措置を受けている[115]。その役割は「五輪憲章」によって定められている。前文そして第 1 条は IOC を「最高権威」として提示していることが特徴である。すなわち，「五輪運動はそれ自体がすべてのそれらの個人として定義され，五輪憲章に従うことに同意する」とし，基本理念には，五輪の目標はスポーツを人間の尊厳の保全に関わる平和な社会を促進するために，人間の調和のとれた発展のための奉仕としている[116]。

　この基本理念を具現化するために IOC には約20部門にわたる諮問委員会が設置されている。法務，公務，アスリート，監査，五輪放送機構，広報，大会執行委員会（それぞれの五輪大会につき一つの委員会が設置される），文化・財産，持続可能性・レガシー（例：スポーツと環境），強化育成，委員選考，アスリート・アントラージュ，倫理，評価（それぞれの大会につき一つの委員会が設置），女性アスリート，財務，マーケティング，メディア，医・科

113　シャプレ＆原田，前掲書（2019），p59。
114　Olympic Charter（2020）" Legal status.
115　シャプレ＆原田，前掲書（2019），p60。
116　Olympic Charter（2020）"Fundamental Principles of Olympism"。

学，五輪プログラム，社会スポーツ，五輪連帯である[117]。

　　IOC委員が行うべき義務は以下の通りである[118]。

① 　五輪憲章，倫理規定，その他のIOCの規制に従う。

② 　IOC総会に出席する。

③ 　任命された専門委員会の仕事に参加する。

④ 　オリンピック・ムーブメントの発展と推進に貢献する。

⑤ 　自らの国および自らが働くオリンピック・ムーブメントの組織におい
　　て，IOCのプログラムの履行状況を監視する。

⑥ 　自らの国および自らが働くオリンピック・ムーブメントの組織におい
　　て五輪憲章の適用を妨げたり，オリンピック・ムーブメントに悪影響
　　を及ぼす恐れのあるすべての事柄について，遅滞なく会長に報告す
　　る。

　また，IOCとしての重要タスクとしては，①「スポーツ」ごとに1つの
IFを認識する②「国」ごとに1つのNOCを認識する③夏季または冬季大会
の開催を担当する都市を選出する④4年ごとに五輪を開催し，責任を負う都
市の大会組織委員会（OCOG）を監視する⑤大会の祭典からの収入を分配す
る―ことなどで，「五輪競技大会の定期的な祝賀を確実にするため」として
いる[119]。

　Chappelet, J-L, Kubler-Mabbott, Brendaは，IOCについて，構成，人
的，財源的資源，統治構造，管理の視座で設立当初から組織構造の変遷を記

117　松瀬学（2013）「なぜ東京五輪招致は成功したのか」，扶桑社新書，pp.174-175。
　　Olympic Charter（2020）"IOC commissions"。

118　Olympic Charter（2020）"Obligations"。

119　Olympic Charter（2020）"Mission and role of the IOC" "Recognition by the IOC"。

図2　2015年以降の IOC 組織図

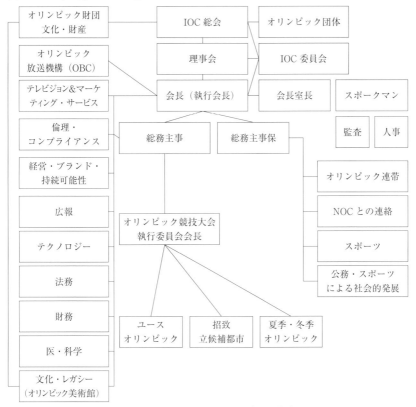

出典：「オリンピックマネジメント」（シャプレ＆原田，2019，p64）から抜粋

したうえで，現在の巨大組織である IOC を解説した。役割については，「今日，IOC は自らをコラボレーションの促進と捉えている」と表現し，オリンピック運動におけるその調整的役割を強調する。すなわち，スポーツ倫理，争いの仲介，ドーピングやあらゆる種類の差別撤廃，女性の地位向上などを掲げることを目指す組織であると指摘している[120]。

120　Jean-Loup Chappelet and Brenda kubler-Mabbott（2008）p.25.

第2項　国際的規制機関としての IOC

IOC が五輪を開催することで，外交に影響を及ぼし，ビジネス，ガバナンス，イベントの開催，社会活動など複数の役割のバランスをとっていることは，ケーススタディとして捉えられる。すなわち，IOC は単純な国際スポーツ組織としてではなく，多国籍企業，または「非国家俳優」としてさまざまな「顔」があるとして国際社会のアクターとしても分類される[121]。例えば，IOC は2009年に最も強力な国際政府組織である国連（UN）にオブザーバーの地位を与えられ[122]，五輪休戦などの先駆的な取り組みを展開している。2015年には難民をめぐる人道支援災害に対応して200万ドルを拠出するなど国際社会における影響力の強さが指摘されている[123]。また，IOC が議題にしている大きな社会問題は男女平等であり，女性のスポーツへの参加に対する継続的な取り組みは倫理統治を通して進歩していると評価する。これはクーベルタンが当初，五輪への女性参加を禁止し，女性の参加を持続させるためかなりのエネルギーが費やされたことが挙げられる。1908年ロンドン大会の女性参加者の割合は1.8％だったが，2012年ロンドン大会では44.2％まで上昇[124]。IOC が過去100年にわたりジェンダーエンパワーメントの先駆けになっていることを IOC は確信していると説いた[125]。さらに，2018年1月時点では，IOC には約80の国籍の計99人の委員が在籍し，うち30人が女性，36人がオリンピアン（29選手はメダル獲得選手）であり，少なくとも一度は五輪に参加している。IOC 委員の女性比率は30％を超え，2014年に開催され

121　Burak Herguner," The IOC as a trasnational organization :Paradigm shift and its rising role inglobal governance," p.184.

122　Konstantinos Georgiadis & Angelos Syrigos,Olympic Truce:Sport as a Platform for Peace（Athens:The International Olympic Truce Centre,2009）

123　"IOC announces emergency two million dollar fund to help refugees" IOC Latest News（4th September 2015）：http//www.olympic.org/news/ioc-announces-emergency-two-million-dollar-fund-to-help-refugees/247135.（閲覧日2019年9月17日）

124　"The Women and Sport Commission" IOC（2015）（閲覧日2019年11月2日）

125　Postlethwaite,Verity&Grix,Jonathan（2016）p.313.

た世界女性スポーツ会議で選出された「すべての組織は20年までに，指導的地域にある女性の比率目標を40％まで引き上げるべきだ」という勧告に照らしても，IOC は指導的な立場からあるべき方向性を示しているともいえる[126]。

　一方で，「オリンピック・アジェンダ2020」では IOC が世界の聴衆との接触を目指し，通信とネットワークのデジタル技術の継続的な重点化を図る「五輪チャンネルの開設」を挙げていることについて，「IOC が世界中で市民と関わるメカニズムになる可能性がある」とした。言い換えると，国際的にはテレビの権利とインターネットへの露出には制限があるが，各国が合法的にIOC にチャンネルを許可するならば，IOC は自ら規制を解くとする。IOCが社会的，政治的，経済的な法規制に対して前例のない国際的影響力をさまざまなレベルで視聴者にもたらしているとも指摘している[127]。

第 3 項　IOC 会長の巨大な政治的権力

　IOC の最高意思決定機関は IOC 委員全員が出席する総会（Session）であり，原則年 1 回開催される。五輪開催都市の決定や加盟 NOC（各国内オリンピック委員会）や IF（各種国際スポーツ統括団体）の承認などは総会の権限である。理事会は第一次大戦の1921年に設置され，現在は会長 1 人，副会長 4人，理事10人の計15人で構成される。IOC の規程や基準，マニュアルの制定や改廃をはじめ，事務総長の任命，解任から開催立候補都市の受け付けや

126　シャプレ＆原田，前掲書（2019），p58。IOC ニュースを参照　https://www.olympic.org/news/female-membership-of-ioc-commissions-reaches-an-all-time-high-of-47-7-per-cent-two-new-female-chairs（閲覧日2020年 8 月21日）。https://www.olympic.org/news/ioc-commissions-move-towards-gender-equality-with-new-compositions-announced（閲覧日2020年 8 月 1 日）https://www.juntendo.ac.jp/athletes/international-conference/ioc.html（閲覧日2020年 6 月 3 日）。

127　Dikaia Chatziefstathiou &Ian Henry, "Technologies of Power,Govermentality and Olympic Discourses:A Foucauldoan Analysis for Understanding the Discursive," Esporte e Sociedade,4 2009)

開催都市選定の手続きの決定まで幅広い権限を持つ。会長任期は8年で一度だけ4年間の延長が可能。副会長と理事の任期は4年で連続2期までとなっている[128]。

　この中で，巨大な権限を持つのが会長職である。IOCが設立されてから現在まで会長はわずか9人のみで全員男性だった[129]。会長の多くがNOCの会長を兼務しており，1人を除くすべてが欧州出身で5人が爵位を有している。サマランチは会長就任を機に爵位を付与されている。IOCは現会長をはじめ，名誉会長になった前会長の居住費も負担しているが，給与という形の支給はしていない。しかし，2015年を契機にトーマス・バッハは22万5000ユーロ（約2800万円）の年間手当を受け取っている。会長を除くIOC委員は，会議が行われるたびに，日当として420ユーロ（約5万3000円）を受け取っているが，理事会メンバーでIOC下部委員会の会長である場合は日当は倍になり，加えて管理手当として6500ユーロ（約82万円）の年間手当を受け取ることになる[130]。

　Peacock,B.and Darnell,SC は，IOC会長の立場や権力は「一般化された権限」とは対照的に考慮されるべきとの見方を示している[131]。IOCの創始者，ピエール・ド・クーベルタン（在任期間29年），ミスターアマチュアとしてアメリカの力を背景にしたアブリー・ブランデージ（在任期間20年），そして五輪に商業主義を取り入れたサマランチ（在任期間21年）を分析することで，IOC会長の巨大な政治的権力はクーベルタンから始まった「カリスマ的権威の慣例化」に由来する，と指摘している[132]。特にサマランチの下では，近代化がもたらしたガバナンスの課題の中でIOCの正当性，権力，影響力を

128　Olympic Charter（2020）"IOC Executive Board".

129　Jean-Loup Chappelet and Brenda kubler-Mabbott（2008）pp.19-21.

130　シャプレ＆原田宗彦，前掲書（2019），p58。

131　Peacock,B.and Darnell,S.C.（2012）"Political celebrity and the Olympic Movement:-exploring the charismatic authority of IOC President." Celebrity studies.,3（3）.p.3.

132　Peacock,B.and Darnell,S.C.（2012）p.4.

表4　IOC 歴代会長

IOC 歴代会長	国籍	在任期間
ディミトリオス・ヴィケラス	ギリシャ	1894 – 1896
ピエールド・ド・クーベルタン	フランス	1896 – 1916
		1919 – 1925
アンリ・ド・バイエ＝ラトゥール	ベルギー	1925 – 1942
ジークフリード・エドストローム	スウェーデン	1946 – 1952
アベリー・ブランテージ	アメリカ	1952 – 1972
マイケル・モリス・キラニン	アイルランド	1972 – 1980
フアン・アントニオ・サマランチ	スペイン	1980 – 2001
ジャック・ロゲ	ベルギー	2001 – 2013
トーマス・バッハ	ドイツ	2013 –

※1916-1919はゴッドフロア・ド・ブロナイ（スイス）が会長を代行
※1942-1946はジークフリード・エドストロームが会長を代行
出典：JOA「オリンピック小辞典」をもとに筆者作成

強めるため有名人の文化とスペクタクルを受け入れるようになった。すなわち，五輪へのテニスのプロ選手，米国のプロバスケットボール（NBA）の有名選手で結成した「ドリームチーム」の参加は五輪運動の象徴であったアマチュア主義とは対極に位置し，五輪に大きな経済的，政治的権力が行使されたことに疑いはなかったといえる。サマランチは2000年に始まったIOCの「人類を祝う」広告キャンペーンに米国の有名俳優を出演させ，その後も世界中の有名人の起用を続けた。こうした戦略は，五輪とIOCの社会的重要性と政治的正当性，あるいは組織の文化的および政治的権威の仲裁人としての役割を果たすことができる限りにおいて有用だったとしている[133]。

133　Peacock,B.and Darnell,S.C.（2012）pp.14-16.

第2節　五輪招致委員会における政策ネットワークを形成する諸アクター

第1項　諸アクターの属性にみるネットワークの相互作用と影響力

　20年招致の中心組織になっていた招致委の発足時のメンバーは総勢50名超で，東京都知事[134]が会長に就任した。事務局長や事務次長の職を設置し，総務，財務，事業，国際，計画，戦略広報などの組織体制を構築した[135]。主要な業務は①民間資金の調達②全国の招致気運の盛り上げ③開催計画の決定④国際プロモーション活動⑤招致活動に係る IOC との窓口‐で理事会と評議会とで編成された。

　2012年12月1日時点の招致委の主要アクターは以下の通りである。

　実務を担う理事会でのアクターは①理事長は JOC 会長・竹田恒和氏（IOC委員）②副理事長，専務理事はスポーツメーカー「ミズノ」会長・水野正人氏（JOC 副会長）③理事は JOC 室長④事務局長は元文部科学省局長の大学教授⑤事務局次長は東京都の部長で編成された。理事会の下に事務局が設置され，総務，財務部長は文部科学省課長，事業部長は JOC 部長，計画部事務局長は東京都の部長，スポーツディレクターは元オリンピアン，戦略広報部長は日本サッカー協会広報部長，国際部長は外務省分析官―らで，各部門の責任者の下にも，JOC，国内競技団体や東京都などからの出向者，さらには招致委に直接雇用された契約職員もいた。

　すなわち，発足直後の招致委を構成する主要アクターは JOC，文科省，東京都，日本サッカー協会となる。主要アクターを政策ネットワークの分析次元で捉えると，すべてが五輪招致に関係する機関や団体でメンバーはかな

134　発足当時の会長は石原慎太郎氏。
135　特定非営利法人東京オリンピック・パラリンピック招致委員会（2014）「2020年オリンピック・パラリンピック競技大会　招致活動報告書」p.245。

り限定的である。JOC は1911年に大日本体育協会として設立した。1989年に日本体育協会から分離し，1991年に独立した法人格を持った。JOC 事業には選手強化とオリンピズムの普及推進があり，各種競技団体（正加盟団体53，準加盟は5，承認団体は5）が加盟する[136]。

五輪主務官庁の文科省は競技スポーツ課の所掌事務の中に五輪に関する規定が同省の組織令八十一条の二に定められている[137]。東京都は条例で都民のスポーツ力向上を規定し[138]，2012年には多摩地区を中心に国体を開催し[139]，五輪開催都市を目指していた。日本サッカー協会（ここでは以下，競技団体とする）は五輪と並ぶ世界的なイベントの一つであるサッカー W 杯を主催する国際サッカー連盟の窓口を務める JOC への加盟団体で，外務省は文化交流・海外広報課の所掌事務でスポーツの国際交流に関することを規定している。登場するすべてのアクターが省令や条例，事業目的で競技力やスポーツ力の向上を目指すことに関わることで，すなわち職業的利害といった類型であるといえる。

また，財源的には，スポーツ振興法では国によるスポーツ団体への補助が規定されている[140]うえ，JOC は文科省から交付される補助金や独自のマーケティング収入を競技団体に強化資金として分配する。文科省は立候補都市である東京都の都立施設整備費の補助を行うことで経済的利害といった類型であるといえる[141]。

136　日本体育協会・日本オリンピック委員会（2012）「日本体育協会・日本オリンピック委員会100年史」日本体育協会・日本オリンピック委員会。

137　2015年10月1日のスポーツ庁設立まで制定されていた。

138　平成元年12月に東京都体育施設条例を制定。体育・スポーツ及びレクリエーションの普及や振興を図り，都民の心身の健全な発達に寄与することを目的としている。

139　2013年東京都多摩地区を中心に開催した「東京国体」。メインスタジアムを東京都調布市の味の素スタジアムとした。「多摩国体」とも呼ばれた。

140　スポーツ振興投票の収益による助成の基本方針がある。https://www.mext.go.jp/sports/b_menu/sports/mcatetop01/list/detail/1381083.htm（閲覧日　2020年10月10日）

141　日比野幹生，舟橋弘晃，間野義之（2019）「我が国のエリートスポーツ政策ネットワ

　統合の分析次元では，相互作用については，文科省からJOC補助金に係る関係では毎年度ごとの協議・調整が必要となる。事業実施に関して文科省はJOCに定期的に報告を求める。JOCと競技団体との関係は，海外や国内合宿，国際競技大会への選手派遣，コーチの養成，選手強化など多岐に及び，両者の協議・調整は日常的なものとなっている。一方，東京都は競技団体や文科省とスポーツ行政全般や五輪教育の在り方について協議を行い，都下の競技団体に補助金を拠出するため助成対象団体の選定を行うなど，互いの利害について調整機能が働いているといえる[142]。招致委では諸アクターが省令や条例，事業目的などをめぐり協議や調整を繰り返す，こうした統合を基盤にした関係性の延長が継続性を維持する。そのコンセンサスは五輪招致という目的を同じにする施策・事業を実施することで利害目的に向けて安定した結びつきを生み出し，諸アクターには価値の共有や成果の正当性の需要があると考えられる。

　ネットワーク内における資源分析では，文科省の財源とJOCの人的資源に注目する。国民の健康増進と競技スポーツのレベル向上を目指したスポーツ庁設立（2015年10月）までは，文科省スポーツ・青少年企画局にあるスポーツ振興課，競技スポーツ課，学校健康教育課，青少年課，参事官が省令に基づいて，JOC，日本スポーツ振興センター（JSC），日本体育協会（JASA），小中高大の各学校体育連盟に補助金を交付していた。JOCは選手の強化費として交付された補助金を競技団体に配分し，競技団体は都道府県レベルの団体に配分する構造である[143]。後述するが，国際的プロジェクトである五輪招致レベル（広義の政策ネットワーク）になると，JOCの主務にはオリンピ

　　ークの構造と変容：シドニーオリンピック競技大会からリオデジャネイロオリンピック競技大会までに着目して」オリンピックスポーツ文化研究 No4，日本体育大学オリンピックスポーツ文化研究所，pp.40-41。

142　同上，pp.44-45。

143　文部科学省（2014）「スポーツ庁の在り方に関する調査研究事業報告書」，調査委託：新日本有限責任監査法人，pp.6-26。

図3　スポーツ関係府省庁及びスポーツ団体等との関連

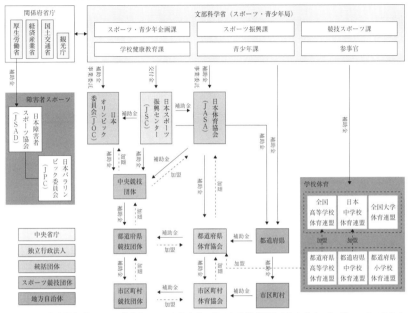

出典：日本体育協会「スポーツ指導者テキスト」を基に新日本有限責任監査法人作成。「スポーツ庁の在り方に関する調査研究事業報告書」（文科省2014．p.13）から抜粋。

　ズムの普及が規定され国内競技団体を窓口とした海外競技団体とのつながり，IOC委員との関係構築など人的資源として蓄積された情報がロビー活動を行う際の基礎素材となり，ネットワーク内の資源配分の中心に位置する。

　また，パワーの分析次元について，木原は政策ネットワークにおいて「基本的な政策を実質的に権威的に決めるのは政府機関である」と述べている[144]。招致委のネットワーク内の政府機関は文科省だけであり，文科省はJOCに補助金交付という資金だけでなく，政策決定という権限についてパワーを及ぼすといえる。一方，JOCは，国内競技団体の統括，スポーツ競

144　木原，前掲書（1995），p.6。

技向上に関するノウハウ，IOC との窓口などで文科省にパワーを及ぼしている。また，JOC は競技団体に対し選手団派遣の権限，強化費配分などでパワーを及ぼし，逆に競技団体は特定競技を統括し，競技会や強化活動を行う権限，選手やコーチの蓄積，特定競技に関するノウハウで JOC にパワーを及ぼしている。

第2項　諸アクターの属性にみる資源の特異性

　諸アクターをめぐる相互作用による資源配分については第1項で述べたが，招致委でネットワークを形成する諸アクターが有する資源概念には一定の特異性があることは否定できない点を指摘する。それは，招致委が期間限定で設立された特別な組織であることが理由といえるからだ。東京都議会をはじめ，衆議院と参議院で五輪招致に関する決議がなされ[145]，直後に閣議了解を得ている。つまり，政界，経済界，スポーツ界など早期にオールジャパン体制での確立が急務とされ，招致委の中心には国を代表するアクターが必要とされた経緯がある。すなわち，理事長ポストに就いた竹田恒和氏は旧皇族の出身で「JOC 会長」「IOC 委員」という肩書（資源）を持ち，ネットワーク内外ではそれが強大な権威となりうる。Rhodes モデルに置き換えれば，JOC というアクター自体が権威という絶対の資源を有することでネットワークにおけるマネジメント機能を獲得したともいえる。

　専務理事（CEO）には JOC 副会長の水野正人氏が就いた。水野氏は IOC 委員に多数の知人がいたことが最大の強みで，ビジネスで築いた人脈を持ち情報資源が豊富とされた。また，事務局長には元文科省局長，総務・財務部長には現役の文科省課長が入り事務局機能をサポートし，この時点で招致委で唯一の政府機関である文科省として基本政策の権威を高める役割を担った。一方で，理事会とは別に政界，経済界などの代表で構成された評議会会

145　東京都議会は2011年10月18日，衆議院と参議院は同年12月に決議された。

図4　招致委員会の招致推進体制

東京2020オリンピック・パラリンピック招致委員会
会長：猪瀬直樹 東京都知事

評議会	理事会
会長：猪瀬直樹 東京都知事 　　　（招致委員会会長） 事務総長： 小倉和夫 前国際交流基金理事長 事務総長代行： 樋口修資 明星大学教授 最高顧問・特別顧問・委員： 日本の各界から就任 ・オリンピック招致に対する支持・支援を「オールジャパン」で行い，主に国内の招致活動を支援する ・理事会への助言を行う ・オリンピック招致活動の「オールジャパン」体制を機動的，戦略的に具体化する。特に，国内支持率向上のムード情勢と各界の支援の取りまとめを行う。	理事長：竹田恒和 JOC会長 副理事長／専務理事： 水野正人 JOC副会長 ・理事長は，招致委員会を代表し，その業務を総理する。 ・国際招致活動（対 IOC 委員・各IF・各 NOC），国内広報活動，国内招致気運の醸成等を担う。 ・理事会は「事務局」を設置し，以下の部を配置する。 専務理事は「事務局」業務を統括する。 「総務・財務部」 「事業部」 「計画部」 「戦略広報部」 「国際部」

出典：『2020年オリンピック・パラリンピック競技大会招致活動報告書』基に著者作成。

長で東京都知事の猪瀬直樹氏[146]は招致委会長も務め，招致への熱意を発信する役割を担った。猪瀬氏を支える事務総長には元国際交流基金理事長の小倉和夫氏（元フランス大使）が名を連ね，組織や情報などの資源保有を示す格好となった。すなわち権威は①五輪招致は国家事業②オールジャパン体制の確立－ということをマスコミや国民，国内外のステークホルダーに示すこと

146　東京都知事就任は2012年12月18日。

につながったといえる。また，情報は主にIOC委員に対するロビー活動やライバル都市の情勢などが諸アクターに分配されるに至った。つまり，ネットワーク全体が相互依存によって必要な資源を獲得して政策形成や実施を可能にする状態を作り出すことを狙いとした。

第3項　五輪招致活動における政策ネットワークの枠組み

2012年12月1日時点で東京都はIOC対して，まだ詳細な開催計画である立候補ファイル[147]を提出していない。この時点での招致活動の中心は第2項で述べた招致委と捉えられ，この章で行ってきた招致委を構成する諸アクターの分析次元は言わば五輪招致における「狭義のネットワーク」と位置付けても良いのではないかと考える。つまり，一般的に五輪招致をめぐる国際間レースが本格化するのは，国際招致活動がIOCによって許可されてからである。2013年1月7日に東京都が立候補ファイルをIOCに正式に提出した[148]直後に国際招致活動は解禁となり，ここから招致委，東京都，JOC，国，経済界などで構成される五輪招致におけるネットワークが形成されていった。すなわち，これが五輪招致において諸アクターをめぐる「広義のネットワーク」につながっていくものである。

東京都のスポーツ振興局には招致委が発足する約1か月前の2011年8月1日に「招致推進部」が設置された。当初の組織体制は1部2課，職員数は25名だったが，開催都市が決定した2013年9月には職員数は71名まで増員された[149]。招致推進部では主に①開催計画案の作成②国・関係機関との協議，調

147　五輪開催を申請する都市が11のテーマにわたるIOCの質問状に対して作成，提出する回答書。オリンピック・パラリンピック競技大会の開催計画の概要を示すもので，IOCに提出された申請ファイルに基づきIOC理事会で正式立候補都市が選定される。特定非営利法人東京オリンピック・パラリンピック招致委員会（2014），p.319。
148　2013年1月7日，スイス連邦ローザンヌ市にあるIOC本部に立候補ファイルを提出した。
149　同上，pp.250-255。

整③国内招致活動・国内広報活動④東京都内区市町村との連絡調整⑤国際プロモーション活動‐などを主務とした。また，東京都議会も招致議員連盟を組織し，オリンピック・パラリンピック招致特別委員会を設置して支援体制を組んだ。16年招致から体制を組むJOCでは20年招致でもIOCとの窓口となり，各競技団体の意見集約を行う招致テクニカルディレクター会議を発足させた。つまり，東京都とJOCが20年招致を担う中心的なネットワークを形成し，「国」という枠組みが加わった格好である。「国」を構成しているのが①文科省（五輪主務官庁）②外務省（国際スポーツ交流）③厚生労働省（パラリンピック主務官庁）④国土交通省（インフラ整備や整備補助）⑤法務省⑥財務省等（入管法，財政保証など大会関係省庁）⑦関係省庁連絡会議⑧超党派招致議員連盟⑨独立法人日本スポーツ振興センター（JSC）が並ぶ。次に「経済界」という枠組みが配列され，招致支援決議や広報協力，イベントに参加する日本経済団体連合会や東京商工会議所，それに加盟団体などが加わった。これに，支援団体として国内競技連盟（NF）が五輪競技の基準や内容の審査，国際競技連盟（IF）との調整など担当する。自治体関係では全国知事会など地方六団体や都内の区市町村が支援に回るという五輪招致を共通目的とした政策ネットワークの構造が形成されたといえる。

図5　2020年オリンピック・パラリンピック招致活動における政策ネットワーク

国
文部科学省〈オリンピック主務官庁〉 ・国立競技施設の運用，都立施設整備費補助 外務省 ・在外公館等を通じた働きかけ 厚生労働省〈パラリンピック主務官庁〉 国土交通省 ・インフラ整備または整備費の補助 法務省，財務省等〈大会関係省庁〉
関係省庁連絡会議 超党派招致議員連盟 独立行政法人　日本スポーツ振興センター

東京2020オリンピック・パラリンピック招致委員会
・民間資金の調達（マーケティング） ・全国の招致気運盛り上げ ・開催計画決定 ・国際プロモーション活動 ・招致活動に係るIOC窓口

日本オリンピック委員会（JOC）	東京都
・IOCの窓口，IOC委員との接触 ・招致活動全般についての検討会議	・開催計画案の作成 ・国や関係機関との協議，調整 ・国内招致活動，国内広報活動 ・都内市区町村との連絡調整 ・国際プロモーション活動 　ブース等による計画の紹介，東京の魅力PR

日本パラリンピック委員会（JPC）	東京都議会オリンピック・パラリンピック 招致議員連盟
・パラリンピック関係推進 ・IPCの窓口	

招致支援

経済界	国内競技連盟	関係自治体等
日本経済団体連合会 東京商工会議所 ・招致支援決議 ・広報の協力，イベント参加 地方団体　など	・オリンピック競技基準 ・内容の審査 ・IFの窓口，IFとの接触，調整	全国知事会等地方六団体 都内市区町村 招致議員連盟

出典：『2020年オリンピック・パラリンピック競技大会招致活動報告書』を基に著者作成。

第4章　16年招致の敗因と20年招致の勝因の検討

　本章では，東京が立候補した2016年招致の敗因と2020年招致の成功要因の比較分析を行うことで，国際プロジェクトとしての五輪招致戦略に変動があったことを明らかにする。また，各領域の諸アクターがIOC委員や各国政府関係者らとの面会を重ね収集した情報がネットワーク内で循環し，IOC委員の支持動向を把握する構造を描き出す。諸アクターが協議・合意形成を繰り返し，東京支持に向けて行った連続的な政策行動を導出するものである。

第1節　五輪招致委員会のロビイングと政策ネットワーク

第1項　16年招致の敗因をめぐる政策ネットワークの特質

　東京は2016年招致に名乗りを上げ，シカゴ，リオデジャネイロ（以下，リオ），マドリードの3都市とともに立候補都市に選ばれた。開催都市を決める2009年10月2日に開催されたIOC総会（開催地・コペンハーゲン）では，東京は1回目の投票で22票を獲得したが，2回目の投票で落選し，リオ開催が決定した[150]。「2016年オリンピック・パラリンピック招致活動報告書」では，リオに敗れた理由として，主に国際プロモーション上の課題と国際スポーツ界への影響力，五輪ファミリーとの関係構築が課題として指摘された。まず，国際プロモーション上の課題としては，リオの戦略の優位性に触れた。つまり，立候補都市が決まり，国際プロモーションの解禁後，プレゼンテーションがあるたびに過去に五輪が開催された都市に印を付けた世界地図

150　2009年10月2日にデンマークのコペンハーゲンで開催された第121次IOC総会で，リオデジャネイロが2016年大会の開催都市に決定した。

を示し，かつて南米で開催されていない事実を強調したリオの「南米初」の
インパクトの大きさが流れを引き寄せたと分析した。これに対し，東京は64
年大会以来2度目の招致という点において，「前回大会のレガシーの活用と
いうメリットより，東京は2度目だから次回以降にというデメリットを
IOC委員に受けた感がある」と捉えている。そのうえで，「環境に配慮した
五輪」という東京の開催理念も高い評価を得たが，リオのインパクトが強か
ったと総括している。一方で，同じくリオに敗れたマドリードの招致活動に
ついては，リオの「南米初」と2012年ロンドン大会の次という大陸ローテー
ションの壁に勝利を阻まれたと分析した。とはいえ，1回目の投票で28票を
獲得して1位，2回目も29票と1票上積みして決戦投票に進んだことは「ス
ペインの信頼が多くのIOC委員の中に基本的に存在していることを証明」
「マドリードの招致活動はIOC委員の心に直接訴える内容」などの表現で称
え，「日本においてもIOC委員や五輪ファミリーの心に強烈に訴えるメッセ
ージをいかに提案していくかが，招致戦略上極めて重要である」と振り返っ
た[151]。国際スポーツ界への影響力の強化と五輪ファミリーとの関係構築につ
いては，この時点で「IOC委員からリップサービスではない本音を聞くこ
とができるよう，招致期間中だけでなく日常からの人間関係の構築が不可
欠」とするなど，16年招致は人的ネットワークの脆弱性が課題となっていた
ことがうかがえる。

　20年大会の開催が決定した2013年9月時点のIOC総会に出席した103人を
大陸別で見ると，ヨーロッパ44人，アジア23人，北中南アメリカ18人，アフ
リカ12人，オセアニア6人となる[152]。日本人では1909年に柔道の嘉納治五
郎[153]氏が初の委員になって以来15人がIOC委員となった。

151　特定非営利法人東京オリンピック・パラリンピック招致委員会，前掲書（2010），
　　　p.403。
152　特定非営利法人東京オリンピック・パラリンピック招致委員会，前掲書（2014），
　　　p.315。

表5 歴代日本の IOC 委員

IOC 歴代会長	在任期間
嘉納治五郎	1909 – 1938
岸　清一	1924 – 1933
杉村陽太郎	1933 – 1936
副島清正	1934 – 1948
徳川家達	1936 – 1939
永井松三	1939 – 1950
高石真五郎	1939 – 1967
東　龍太郎	1950 – 1968
竹田恒徳	1967 – 1982
清川正二	1969 – 1989
猪谷千春	1982 – 2011
岡野俊一郎	1990 – 2011
竹田恒和	2012 – 2019
渡辺守成	2018 –
山下泰裕	2020 –

出典：JOA「オリンピック小辞典」をもとに筆者作成

　20年招致における日本の IOC 委員は当時，日本オリンピック委員会（JOC）会長の竹田恒和氏ただ1人である。父親の故・恒徳氏は旧皇族で，JOC 委員長や IOC 委員を務め64年東京五輪招致に関わった人物だ。竹田氏は16年招致時は IOC 委員でなく，招致委の副会長だった。著者とのインタビューで当時は，IOC 委員や国際スポーツ界との信頼関係を構築が不十分だったことなどを挙げた。背景として，日本のスポーツ界は，国際スポーツ界の中

153　嘉納治五郎は日本初の IOC 委員。明治から昭和にかけ日本のスポーツ教育をリードした。講道館を創設し，柔道を広め，1940年の幻の東京オリンピック招致に尽力した。ジム・バリー，ヴァシル・ギルノフ（2008）「オリンピックのすべて」（枡本直文訳）大修館書店，p.81。

表6　国際競技連盟（IF）の国別役員数（2014年1月時点）

		会長	副会長	理事	計
1	米国	0	11	28	39
2	フランス	2	7	22	31
3	ロシア	1	3	22	26
3	イタリア	5	8	13	26
5	韓国	1	5	18	24
5	英国	2	4	18	24
⋮					
11	中国	0	4	14	18
⋮					
13	日本	0	2	12	14
		卓球，陸上，水泳，体操，レスリング，ラグビーなど			

出典：日本スポーツ振興センター調査，2015年3月3日読売オンライン記事を参考に著者作成

　枢で活躍する人物が各国と比べて少ないことがある。2014年1月現在で，IFの会長が一番多いのはイタリアで，次いでフランスとイギリスの2人となっている。副会長と理事は，アメリカが最も多く役員数は計39人に上る。

　一方，日本は過去，会長職を務めたのは嘉納治五郎氏と柔道の松前重義氏，卓球の荻村伊知朗氏らで，この時点では，卓球，陸上，水泳，体操，ラグビー，レスリングなどの競技の副会長2人と理事12人のみで会長ポストはゼロという状況だった。16年招致では，日本のスポーツ界を代表して国際的に発言力のある人物の不在が，ファミリーと呼ばれる国際スポーツ界の要人や五輪招致に決定権のあるIOC委員へのアプローチ不足につながったと推察できる。同時に，人的不利な状況を補う戦略的なロビイングも十分機能していなかったと考えられる。

表7　日本出身の主な国際競技連盟（IF）会長・副会長（敬
称略）

陸上		
副会長	青木半治	1991～1999年

水泳		
副会長	古橋広之進	1976～2009年

柔道		
会長	嘉納履正	1952～1965年
副会長	松本芳三	※
副会長	広瀬祐一	1973～1983年
		1985～1987年
会長	松前重義	1979～1987年
副会長	嘉納行光	1980～1995年
副会長	竹内善徳	1999～2006年

レスリング		
副会長	福田富昭	2002～2014年

卓球		
会長	荻村伊智朗	1987～1994年
副会長	木村興治	2005～2013年
副会長	前原正浩	2013年～

※就任期間は不明だが松本氏は初代アジア選出副会長
出典：日本スポーツ振興センター調査．2015年3月3日読売オンライン記
　　　事を参考に著者作成

第2項　20年招致のロビイング戦略にみる政策ネットワーク

　日本スポーツ振興センターの調査によると，IFに占める日本人の役員数
は招致が成功した20年招致活動と16年招致活動を比較しても大差はない。明
暗を分けた招致活動における違いは何か。竹田氏は著者にこう説明した[154]。

　　16年の時はいわゆる戦略的にどう IOC 委員に接触していったかというの
は，戦略的に立っていなかった。普通，ストレートに『応援して下さい』と
言うと，『応援する』と皆さん言います。そう言ってくれた IOC 委員に○を付
けていると，みんなに○がつきます。16年招致の頃はね，一つもらえた，二
つもらえたということで終わっていたと思います。今回はその裏付けを取っ
ていきました。会長はこう言っているけど，実際はこういう発言が出ている
よとか，またもう一回行くわけです。そのくらい二重三重で違う人が確認し
たり，そういう形でもう一度引き寄せるんです。

　竹田氏が示唆した「戦略的に立つ」が意味するものとは何か。一つは，16
年招致での敗戦後，竹田氏が2012年に IOC 委員となることで，ロビイング
自体がブラッシュアップされたことだと考えられる。現 IOC 名誉委員であ
る猪谷千春氏は著書「IOC　オリンピックを動かす巨大組織」で「IOC とい
う組織は，スポーツを通して心身を鍛え，国や地域，文化の違いを超えてお
互いを理解し合い世界平和に貢献するオリンピック・ムーブメントのまとめ
役あるいは推進役だ。そこにいる委員たちは，同じ目的を持った仲間たちの
集まりであり，その意味では結社とも言えるのかもしれない[155]」と記してい
る。実際，竹田氏も「IOC 委員となり，IOC の方が胸襟を開いてくれたと
いうか。そういう仲間に入れてくれたのかなという気はしましたね。私のロ
ビー外交はヨーロッパの王室から始めました。それで会っていただいたんで
ね。なかなか会っていただけないと思う人がいる中で断った人がいなかっ
た[156]」と話している。竹田氏は招致活動中に計52カ国75名の IOC 委員を訪
問した。国際会議などを含めるとすべての IOC 委員と面会を果たしている
のがその証左といえる。仲間意識の強いオリンピックファミリーの一員にな
ることで，招致行動について建前やリップサービスでない本音を聞くことが

154　竹田氏へのインタビューは2017年4月13日に日本オリンピック委員会（JOC）会長
　　室で行った。
155　猪谷，前掲書（2013），p.28。
156　著者とのインタビューによる。2017年4月13日実施。

できる関係を構築してきたと考えられる。

　二つ目には招致委が竹田氏を中心にした東京の主要プレーヤーのロビイングを戦略的・計画的にサポートしていたことが挙げられる。慶応大学名誉教授の池井優氏は雑誌「外交」で「ロビー活動を制する者が勝負を制する」とし，IOC委員の投票を獲得するためには長期，短期両面でどのような活動と策戦を展開するかによると記述している[157]。招致委は，竹田氏をトップに水野氏，国際コンサルタント，政府，国会議員，競技団体などの主要アクターが世界各地で開催される国際会議や競技大会，外交イベントでIOC委員や周辺関係者から得た情報を詳細に分析，検討してロビイング戦略を練った。ロビー活動では，各領域の主要アクターが世界各地でIOC委員に関する情報を集め，それらを招致委で①情報分析・票読み②全体戦略③各IOC委員への個別戦略—に転換し，IOC委員の支持獲得に向けたロビイングにつなげる作業を繰り返した。招致委が国際招致活動の進め方を策定した資料「ロンドンオリンピック後の国際招致全体戦略[158]」では，基本方針に「開催都市を代表する東京都知事の下，招致リーダーとして，竹田理事長，水野専務理事がIOC委員全員にアプローチを行う他，政府，JOC，JPC（日本パラリンピック委員会），JSC，NF，民間企業等の関係者の協力を得て，オールジャパン体制を組んで各IOC委員に対して，連携して重層的な働きかけを行っていく」と強調した。背景には2011年6月に成立したスポーツ基本法がある。スポーツ基本法は64年東京五輪の3年前にできたスポーツ振興法を全面改正し，国際競技大会の招致や開催などスポーツ施策に関わる国の責務を明記した。つまり，基本方針にオールジャパン体制を強調することで，16年招致では存在しなかった五輪招致の「国家プロジェクト」としての位置づけがなされたことは一種のパラダイムシフトともいえ，20年招致において政策ネ

157　「外交」（2013）時事通信社 Vol.22，pp.72-77。
158　国際招致活動におけるロビイング戦略構築のため20年東京招致委員会が2012年に策定した資料。

図6　国際招致活動の体制

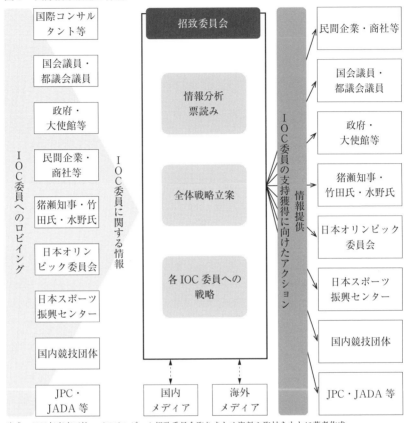

出典：2020年東京五輪・パラリンピック招致委員会取りまとめ資料や取材をもとに著者作成

ットワークの変容がみられたといえる。

　IOC委員に対する全体戦略は以下の通りである。①ロンドン五輪で築いた人脈を基に，各IOC委員の関心事やニーズを踏まえた個別アプローチをきめ細かく行う②IOC委員が集まる主要な会議・競技大会を特定し，個別アプローチを計画的に行う③支持獲得については最初にアジア票を固め，アフリカに支持を広げ，マドリード，イスタンブール支持の傾向がある欧州，中南米について情報収集，票の確保に努める―とした。一方で，2011年3月

11日に発生した東日本大震災の影響については，「IOC委員の間に依然，潜在的に存在すると思われる放射能，地震，津波の影響に対する危惧の払拭に努める」とするなど招致委が震災の影響を重要課題として捉えていた。

　個別戦略では，各領域の主要アクターがどの対象にアプローチしていくかをまとめた。例えば，首相や外務大臣による二国間会談を通じIOC委員出身国の政府に支持を働きかける。特に政府の影響下にあるIOC委員については外交ルートを活用する。国会関係者は友好議員連盟などのチャンネルを通じ，IOC委員出身国の国会関係者に接触する。商社，スポーツメーカー，代理店等の民間企業は独自のチャンネルでIOC委員周辺へアプローチするとしている。接触が困難な欧州や中東地域のロイヤルファミリーについては，大使館やその他のルートの活用を探り，アフリカ，中南米においてはODA（政府開発援助）等も活用した国際貢献を行いつつ，支持獲得に努めるなどとした。

　「2016年オリンピック・パラリンピック競技大会招致活動報告書」では，招致活動の課題の提言として「リオやマドリードが過去の招致活動経験を活かし，招致関係者とともに大統領や国王が先頭に立って積極的な招致活動を行ってきたのに対し，東京は，招致委員会や東京都，JOCの招致ノウハウの蓄積が十分でなかったこともあり，国やスポーツ界，経済界，各種業界団体と連携した日本を挙げての招致戦略を十分に描くことができなかった」と記した[159]。これは16年招致の敗戦理由に挙げられ，当時，招致活動に携わったスポーツ用品メーカー，ミズノ相談役の上治丈太郎氏は「情報が一部のところに集まって水平展開できず，チームジャパンという空気があまりできていなかった。政府，東京都，JOCが一枚岩じゃなかったのが一番のウィークポイントだったと思う[160]」と語っていることにも裏付けされるものだ。16年招致の敗因分析後，20年招致は負けたことから学び，スポーツ，政治，行

159　特定非営利活動法人東京オリンピック・パラリンピック招致委員会，前掲書（2010），p.411。

政など異なる領域が一体性を有して招致活動の構造転換を図り，最終的にオールジャパン体制の確立を果たすことができたといえる。

第2節　ロビイング情報の一元化と支持動向をめぐる政策 ネットワークの外的要因

第1項　ネットワークにおける「情報の循環」と資源配分

　主要アクターがIOC委員へのロビイングで集めてきた情報は，招致委で分析される。結果はデータ化され，さまざまな要因が加えられた後，再び主要アクターに提供され，次のロビイングで活用されるという「情報の循環」が繰り返された。具体的には「○○のIOC委員が招致レースや都市について○○と話した」などの発言や動静をIOC委員ごとに記録し，次の展開を予測して諸アクターによる繰り返しのロビイングに繋げていった。重要となるのは，ロビイングを行うIOC委員の優先順位，重要度を見極めることといえる。東京に好意的もしくは，地域の票を束ねることができるキーマンとなるIOC委員はロビイングの優先度が高くなる。ロビイングでIOC委員と交わされる会話は，挨拶程度から招致活動に関する助言，具体的な要求まで様々といえる。2013年7月にスイス・ローザンヌで開催されたIOCのイベントでは欧州のIOC委員が竹田氏に「イスタンブールは強い。IOCは新しいマーケットを好む。IOC委員にはそれぞれに様々な事情があるため，それに合致するロビー活動を行うべき[161]」などとアドバイスを送っている。一方で，10票以上は動かすとされるアジアの有力委員は「東京の招致は良い方向に進んでいる[162]」と話したが，そうした場合，それが何を意味するのか真意を見極める作業の積み上げが必要となる。この委員には竹田氏のほか，安

160　松瀬学（2013）「なぜ東京五輪招致は成功したのか？」扶桑新社，p.160。
161　東京招致委員会資料や取材による。
162　同上。

倍晋三首相らも面会を重ねている。つまり，五輪招致とは五輪開催都市を決める投票権を持つ IOC 委員の投票確率を上げることであり，支持獲得のためライバル都市を上回るインセンティブをいかに引き出すのか，という見方もできる。ここで注意しなければならないのは，IOC 委員は個々の思想や属性が全く異なる集団で，世界で115人しかいないということである。同一アプローチが通用しないことが課題で，それぞれの背景，関心事，信条，ニーズを把握することが最も大切となる。日々の信頼関係の構築を進めると同時に優位性を保つため他都市の状況や動きの把握に全力を尽くす，熾烈な情報戦が招致活動におけるロビイングの本質とも考えられる。ロビイングの一例として，主要アクターの竹田氏がハンガリーで大統領も務めたこともあるパル・シュミット委員に面会した時の記録を再現してみる。シュミット委員との面会記録は以下の通りである。

　面会記録
　日時：2013年 2 月
　場所：大使公邸
　IOC 委員：パル・シュミット
　出席者：日本オリンピック委員会　竹田恒和会長ほか

◆面談内容
1　シュミット委員

① 大会成功の秘訣は，good structure（大会日程の組み立てがよくできていること），good organizing（組織面の良さ），good perfomance of domestic athletes（開催国選手の成績が良いこと）だ。特に開催国選手が良い成績を上げた大会は，大会そのものに良い（good mood）が出てくるものだ。
② 3 都市の招致委員会から，私を含め IOC 委員に様々なメッセージが届いているが，メッセージ力が強い順では，東京，マドリッド，イスタンブールの順だ。イスタンブールの招致活動はあまり活発でないとの印象がある。ただ，

イスタンブールの大会理念は興味深いところはある。トルコは2023年に建国100周年を迎えるので，この重要な節目の年を祝うことの一環として2020年を捉えているようにも見える。また，面白いのは，トルコは現行の憲法でオリンピック招致を実現することが明記されているので，招致に成功するまでいつまでも無制限に立候補し続けるだろう。その点，日本は今回のチャンスを逃すと，日本のオリンピック関係者の中から竹田氏のような「スター」のいる世代が引退してしまうので，今回勝つべきだと思う。それに，昨年はロンドン（2012年，欧州）で開催され，その次はリオデジャネイロ（南米）で開催されるので，その次はアジアで，というのが自然な流れだと思う。

③ 投票では第1ラウンドが重要だと思うが，第1ラウンドではイスタンブールに票が集まるかもしれない。しかし，イスタンブールは主要なスポーツ大会を開催した経験がない。スタジアムや会議場，選手村といったインフラはどの国でも造れる。重要なのは大会を組織し，運営する「スキル」だ。また，トルコはドーピング違反者数が多かったという問題もあり，あまりポジティブなニュースを聞かない。

④ 域内に立候補国がいないので基本的に2020年大会には大きな関心を寄せていないアフリカ（の委員）の票も重要だ。南米（の委員）の票はやはりマドリッドに行くのではないか。パリ，ローマ，ストックホルムといった欧州の都市が2024年の五輪招致を目指しており（竹田氏よりベルリンもあるとの旨付言），2020年の五輪開催地がマドリッドになると，これら欧州都市にとっては開催のチャンスがなくなり不都合だ。また，スペインは高い失業率や財政の問題がある。その点，東京は財政の観点からは最も優位にあるのではないか。

⑤ IOC委員の配偶者が委員の投票先に影響を持つということもよくあることだ。もう時効だろうから言うが，94年リレハンメル五輪の際には，家内は「ノルウェーが良い」と言った（のでリレハンメルに投票した）。

⑥ （シュミット委員より東京が招致に成功するチャンスについての竹田氏の考えを問い，それに対して竹田氏が，地震と津波への不安に対して世界に対して正しく説明できること，東京で最も安全に大会を開催できること，また質の高いロジ・サービスを提供できることをうまく説明できれば十分にチャンスがある旨を伝えたところ）シュミット委員からは，地震は（2016年開催国

である）ブラジルであれ，トルコやギリシャであれ，どこでも起こりうるものだし，日本はスタジアムであれホテルであれ建築物は質が高く，耐震性もしっかりとしていると考えている。福島原発の事故についても，日本はもう克服したと思っているし，7年後（の2020年）にはもう原発の問題はなくなっていると思われる。

⑦　（竹田氏より，パンフ，i-Pad を用いて東京五輪の理念や，新メインスタジアム，会場へのアクセス，選手村などへのロジ面やインフラ面のイメージを説明したところ），シュミット委員は「コンパクトな大会」ということが最近は良く強調されるが，あらゆるものを狭いエリアにまとめるのは，かえって混乱する。大会エリアがコンパクトすぎるのは広すぎるのと同じくらい危険だ。選手村建設予定地は，現在は何もないところとのことだが，大会後，（選手村がアパートとして）売れると良いだろう。その点，メディアセンターはオリンピック・パラリンピックの期間だけしか使われず，大会後に売れることもなく，建設費がかかるだけだ。ところで，日本の特徴として招致委員会関係者，オリンピック委員会関係者の幹部は男性ばかりが目立つ。今後，記者会見など，表舞台に並ぶのが男性だけであると対外的に印象は良くない。一人でも多くの女性を入れるべきだ。

2　シュミット夫人

①　自分は，1964年東京五輪，その前年のプレオリンピック大会も含めて日本には4度訪れたことがあり，今でも大変良い思い出だ。今でもあの頃に覚えた歌を覚えている（と述べ，『幸せなら手をたたこう』と『さよなら東京…』と続く，夫人曰く東京五輪の際の公式ソングだったとの歌を口ずさむ）。

②　（今回の東京の招致活動に関連して）自分から申し上げたいことは二つある。一つ目は少しネガティブなことだが，東欧地域には原発事故について「不信」がまだ残っている。これは旧ソ連でチェルノブイリ原発の事故があった時に，旧ソ連はこの事故のことを隠して秘密にし，真実を公にしなかったことに起因している。今の選手たちの親の世代に特に原発事故に対するアレルギーがある。その影響はあるかもしれない。ただ，福島の事故の時は，チェルノブイリと違ってすぐにテレビでも事故のことが報じられてすべて状況はわかったのだが，IOC 委員に対してはより正しい説明をしていくべきだろう。二つ

　目はポジティブなことで，東日本大震災という悲劇に直面した時の日本の人達の態度や対応ぶり，悲劇から立ち上がるときの日本の人たちの姿が素晴らしかったことだ。これは世界にとっての良いお手本となると思う（丁）

　こうした主要アクターによるIOC委員への面会による働きかけに対する反応や発言，在外大使館や公使館から送られてくるIOC委員周辺に関する動静，ライバル都市の政治経済情勢のほか，国内外のメディアによる五輪報道などの「情報」が，ロビイングの資源として諸アクター間で循環を繰り返す仕組みである。

第2項　歴史や外的要因を分析した票読みの正確性

　招致委の資料によると，2013年5月時点の支持動向では，東京はアジア，アフリカ，欧州の支持獲得で13票程度と見積もった。イスタンブールも同様に13票程度。このうち6票は固い票とされた。一方，この時点のトップはマドリードで29票獲得，うち14票が固い票であるとの見方が示された。東京が2月時点でも同様の票数でほとんど伸びていない理由として「多くのIOC委員が未だ態度を決めていない。今年はIOC委員の関心がIOC会長選挙などに移っている。口頭で東京支持を明言していても，他都市から強力な働きかけで揺れているケースもある」などとした。また，イスタンブールについては「勢い次第では東京が第1回投票で排除される可能性も否定できず[163]」と，イスタンブールを警戒する様子がうかがえた。票読みは，その時の社会情勢や立候補都市の政治や経済情勢，それにIOCのイベント（この年は会長選挙）などの外的要因で変化していく。一方で，固定票を持つ都市が強いとみられることも多く，結城和香子は著書「オリンピックの光と影」で「2020招致で固定票を持っているとみられていたのは実はマドリードだった。その中心には故サマランチ元会長にIOC委員にしてもらったなど，恩義を持つ

163　20年東京招致委員会，支持動向取りまとめ資料や取材による。

『古株』のサマランチ派と，スペイン語圏を軸にした南米諸国の委員だ。サマランチ元会長への忠義は，前回2016年の時のマドリードへの投票で果たしたという見方もあったが，元会長の子息でIOC理事のサマランチ・ジュニア氏の影響力次第では30票近く集まるのではないかと東京も読んでいた[164]」と解説している。

　2013年9月のIOC総会を1カ月後に控えた8月時点の票読みでは，獲得支持が東京は20票，イスタンブールは5票，マドリードは17票となった。さらに高確率で取れる票を加えた場合，東京は42票獲得と招致委は読んだ。IOC総会で東京が獲得した第1回投票での獲得が42票，決戦投票では60票を獲得しており，竹田氏は「第1回投票で42票，最後は60票というのは，ほぼ予想通り[165]」と答えている。票読みでは，ロビイングの積み上げと外的要因の影響でIOC委員の支持動向がどう変化していくのか見極めることが重要となる。ここでいう外的要因（外部環境）とは，イスタンブールが5月末に発生した反政府デモと隣国シリアにおける政情不安，マドリードは長引く財政不安，東京は東京電力福島第一原発の汚染水漏れの問題を指す。シリア情勢が長引き，結果的にイスタンブールの失速に影響を与えたとの見方は東京のロビイングを踏まえた支持動向（5月時点と8月時点の比較）から読み取ることができる。招致委では，16年招致で東京を支持したと推察されるIOC委員，歴史上，東京を支持しない国に属するIOC委員，それに20年招致のロビイング状況を総合的に判断して「票読み」の数字を弾き出していたと考えられる。

　招致委が8月時点で行った東京，マドリード，イスタンブールの支持動向の分析結果は以下の通りである。東京は①支持（主にアジア，アフリカ）20

164　結城和香子（2014）「オリンピックの光と影」中央公論新社，pp.166-167。
165　2020年東京オリンピック・パラリンピック開催決定を受けたJOCインタビューの中で竹田氏が語る。https://www.joc.or.jp/column/president/tokyo/201310_1.html（閲覧日　2017年5月1日）

票②全て取れるわけではないが東京に好意的な浮動票は42票③支持未確定の
浮動票をすべて獲得した場合は55票④すべての浮動票を取り込んだ場合には
68票とした。マドリードは①支持（主に欧州，中南米）17票②マドリードに
好意的な浮動票で「東京が取れる可能性がある票」は28票③東京以外を支持
すると見られる票をすべて獲得した場合は36票④中南米・欧州の東京支持の
浮動票を獲得した場合には45票⑤支持未確定の浮動票をすべて獲得した場合
は58票⑥すべての浮動票を取り込んだ場合には76票とした。イスタンブール
は①支持5票②イスタンブールに好意的な浮動票7票③東京以外を支持する
と見られる票をすべて獲得した場合15票―と分析していた。

　すなわち，国際的プロジェクトである五輪招致を成功裏に導くためには，
IOC（委員）や国際スポーツ団体というステークホルダーと関係構築を目指
し，各領域の諸アクターが得た情報（資源）を相互作用や相互調整において
循環させ，IOC委員の支持動向を把握していくことが重要である。そして，
諸アクターは協議・合意形成を繰り返し，支持獲得に向けて政策行動の展開
を連続的に行っていたといえる。次章では，日本政府の20年招致への積極関
与を明らかにする。

表 8　2013年 8 月時点における支持動向の分析　展開別

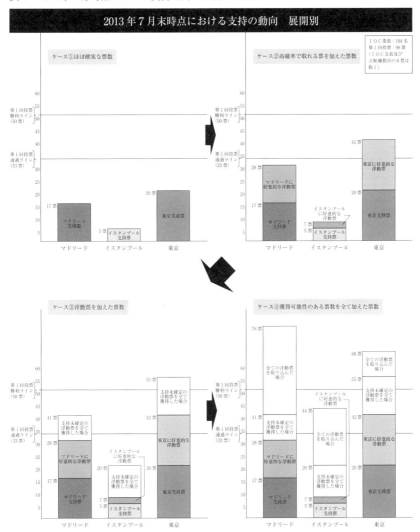

出典：2020年東京オリンピック・パラリンピック招致委員会取りまとめ資料を基に著者作成

第5章　20年招致の政府外交にみるネットワーク戦略

　本章では，招致委が取りまとめた非公開の内部資料や取材を基に，国際招致活動が可能となる国際プロモーション期間に日本政府の諸アクターが各国のIOC委員や政府要人と，どのくらい面会をして支持を働きかけたのかを分析するものである。招致委が取りまとめた諸アクターの面会資料や筆者の独自取材から，5大陸別に政府のロビイング戦略の特徴を導出し，政府が実行した五輪招致の全体戦略及び個別戦略の実像を描写する。

第1節　政府関係者における戦略的外交

第1項　IOC委員及び外国政府要人へのアプローチ

　20年招致をめぐる国際プロモーション期間は2013年1月8日からIOC総会が開催される9月7日までと決められていた。IOCが定めた倫理規定[166]ではIOC委員への直接訪問は禁止されているが，世界各国で開催される国際競技大会や国際会議では招致アクターによるIOC委員との会談や面会は可能としている。また，海外における日本大使館などで開催される国家的行事，例えば天皇誕生日などを祝う催しなどへのIOC委員の招待はIOCへの事前届け出で認められていた。招致戦略資料によると，2013年1月から7月までの間に日本政府関係者がアプローチしたIOC委員は約100人，回数は約230回（首相の就任挨拶を記した親書などを含む）に上った。うち，70人以上に

166　公益財団法人日本オリンピック委員会（2020）「IOC倫理規程2020」，日本オリンピック委員会（JOC）。https://www.joc.or.jp/olympism/ethics/pdf/ethics2020_j.pdf（閲覧日　2020年8月21日）

表9　政府関係者のIOC委員への働きかけ数

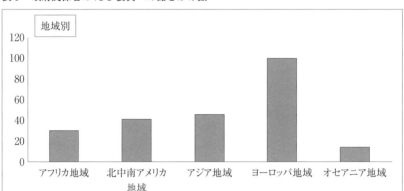

出典：2020年東京オリンピック・パラリンピック招致委員会取りまとめ資料をもとに著者作成

　対して約180回の面会や会談を実施した。この時の政府の主要アクターは安倍首相，麻生太郎副総理兼財務大臣，岸田文雄外務大臣をはじめ，閣僚，国会議員，政府高官らである。アプローチしたIOC委員の属性を大陸別で見てみると，最も多いのがヨーロッパ，次いでアジア，北中南アメリカ，アフリカ，オセアニアの順となっていることが明らかになった。つまり，2013年9月時点における大陸別数のIOC委員数（ヨーロッパ44人，アジア23人，北中南アメリカ18人，アフリカ12人，オセアニア6人）に比例したアプローチだったといえる。

　一方，外国政府要人への働きかけは，2012年1月から2013年8月までの間にIOC委員所在国や地域に対して300回以上で，IOC委員不在国や国際機関に150回程度行われた。16年招致における戦略的外交は，招致活動の全期間を通じても約130回しかなく，20年招致はその3倍以上に上る活動量だったことを明らかにした。大陸別では，ヨーロッパ，次いで，北中南アメリカ，アジア，アフリカ，オセアニアの順となっている。IOC委員に対するアプローチと比べると，北中南アメリカのほうがアジアより多いが，これは，日本の政府関係者が米国やカナダの要人と国際会議などで会談するケースが多

表10　政府関係者の政府要人への働きかけ数

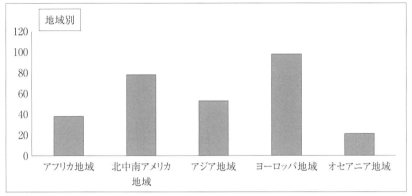

出典：2020年東京オリンピック・パラリンピック招致委員会取りまとめ資料をもとに著者作成

いことが要因となる。対象は各国の大統領，首相，大臣らが中心で，国会議員や大使も含まれる。

第2節　日本政府関係者による大陸別ロビイング戦略

第1項　ヨーロッパ

　次に大陸ごとの IOC 委員や政府要人に対するアプローチを考察する。IOC 委員の3分の1以上を占める44人が属しているヨーロッパで，日本が最も多くアプローチしたのはスイスだった。IOC 本部があるスイスには5人の IOC 委員が在籍し，それぞれがアイスホッケー，ボート，サッカー，スキー，バスケットボールの国際競技連盟の会長や事務局長の役職にある。他国の IOC 委員の支持を得るためにも東京支持の象徴にすべく，ロビイングの優先度が高かったと考えられる。次に多かったのはイタリアで3人の IOC 委員が在籍し，招致委の「読み」では隣国スペインとの関係から基本的にはマドリード支持で固いとみられていた。しかし，2013年7月時点で，ローマ市長が2024年大会に立候補する意向を示したことで情勢は一変した。

イタリアの委員が「24年大会に立候補するならマドリードを支持することは論外」（7月）と日本の政府高官に話したことも招致戦略資料に記録されている[167]。イタリア票の獲得に向けては，安倍首相や麻生大臣も IOC 委員にアプローチしている。国際スケート連盟会長を務める委員には，元スピードスケートのオリンピアンで，日本スケート連盟会長の橋本聖子参院議員，それに当時の猪瀬直樹都知事も面会していた。リオデジャネイロに敗れた16年招致委員会事務総長だった河野一郎氏は「ロビー活動では，日本にきたらこういうことをやりますとしっかりと言うことです。例えば，陸上関係者が相手だったら，必ず世界陸上を開催しますよとか。どれだけ明確に言えるか」「（ロビイングの時の）問題は誰が言ったら，本当らしく聞こえるかということです」と語っている[168]。つまり，IOC 委員に対する首相や大臣ら政府関係者による働きかけは，いわば国家として「保証」を示すものであり，相手には非常に説得力のある言葉と受け止められやすいと指摘する。

　また，16年招致時に東京支持を打ち出していたフィンランド，アイルランドなどの IOC 委員の支持も固めていたが，デンマーク，オランダ，リヒテンシュタイン，イギリスの一部，ルクセンブルクの IOC 委員はロイヤルファミリーの一員で，各国の王室とつながりが強くマドリード支持を固めており，接触自体が難しかったという特徴もみられる。このほか，ライバル都市であるスペイン（IOC 委員3人），トルコ（同1人）にも働きかけを行っていた。

　一方，政府間による働きかけで最も多かったのはフランスだった。安倍首相をはじめ，閣僚や国会議員，政府高官が国際会議や大型連休中の外遊を活用し，フランス政府のさまざまな分野の大臣らに働きかけを行った。ここでは，パリが2024年大会の立候補に意欲を示していたことで，フランス政府から「東京支持」を引き出す代わりに「24年大会はパリ支持」との取引（deal）

167　20年東京招致委員会，支持動向取りまとめ資料や取材による。
168　松瀬，前掲書（2013），p.160。

表11　ヨーロッパのＩＯＣ委員への働きかけ数

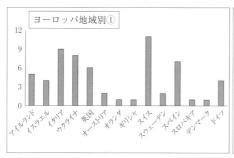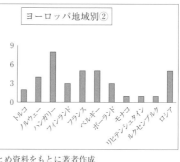

出典：東京オリンピック・パラリンピック招致委員会取りまとめ資料をもとに著者作成

も行われたものと推察される。資料によれば，安倍首相がオランド大統領
（当時）と面会し，オランド大統領から「観光の観点からも五輪は有益であ
る。サービス向上などから両国で話し合ってはどうか」との提案もあっ
た[169]。つまり，パリが24年大会の開催都市になるためには，大陸ローテーシ
ョンの関係から20年大会は同じヨーロッパのマドリードやイスタンブールで
なく，アジアである東京で開催されることが条件の一つとなる。言い換えれ
ば，五輪招致をめぐり両国は相思相愛の関係であったともいえる。もう一つ
特徴的なことは，ロシア政府に対する働きかけが複数回行われ，プーチン大
統領に安倍首相や森喜朗元総理が面会していたことが挙げられる。日経新聞
には「安倍首相は東欧のIOC委員票にも影響を与えるロシアのプーチン大
統領との会談では，同国エカテリンブルグでの20年の万国博覧会開催とひき
換えに東京開催への支持を『密約』したとの観測が政府・与党に流れる」と
の報道もあった[170]。背景には，招致委がロシア（IOC委員３人）と旧ソ連圏
の東欧諸国のウクライナ（IOC委員２人）を獲得可能な浮動票として重要視
していたことがある。このことから，ロシア・東欧地域に関しては政府主導
による働きかけに加え，プーチン大統領をキーマンの１人として捉えていた

169　20年東京招致委員会，支持動向取りまとめ資料や取材による。
170　「日経新聞」2013年９月10日付朝刊。

表12　ヨーロッパの政府要人への働きかけ数

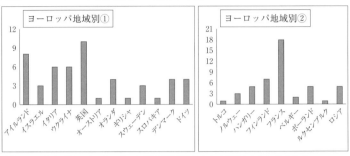

出典：2020東京五輪・パラリンピック招致委員会取りまとめ資料をもとに著者作成

表13　アジアのIOC委員への働きかけ数

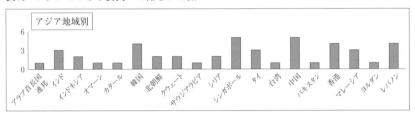

出典：東京オリンピック・パラリンピック招致委員会取りまとめ資料をもとに著者作成

ことが明確になったといえる。

第2項　アジア

　アジアはヨーロッパに次いでIOC委員（22人）が多く，東京の基礎票を形成していた。このため，傾向としてIOC委員に対してはマドリードとの関係が深い王室のある国も含め，まんべんなくアプローチしていたとされる。一方，政府間では日本と経済や貿易分野で良好な関係にある国へのアプローチの多さが目立っている。

　招致戦略資料などによると，6月に日本の国会議員がアジアのIOC委員と面会した際にアジア地域での招致活動における注意点を指摘されている。発言のポイントは①IOC委員は，中国に3人，韓国に2人，台湾に1人，

表14　アジアの政府要人への働きかけ数

出典：2020東京五輪・パラリンピック招致委員会取りまとめ資料をもとに著者作成

香港に 1 人。この 7 票が大きい。中国票は IOC 個人が決めるわけではない。日本で開催したほうが彼らにとってプラスであると思わせなければならない②9 月 7 日の投票以前に，これからの政治的緊張を絶対に今よりもエスカレートさせないことがポイント。安倍総理も言いたいことがあるだろうが，踏み込んだ発言は東京五輪が決定した以降にするべき。投票前に IOC 委員を刺激する必要はないはず③2016年東京招致の際，当時の石原慎太郎都知事の政治的発言が問題だった④大陸ローテーションの観点から，平昌の後に同じ北東アジアは如何なものかとの声もあったが，適切な開催計画であれば，平昌の直後に東京開催でも問題ないというのが IOC 委員の認識―の 4 点である。あくまでも見方の一つであるが，アジア票獲得はスポーツ分野だけでなく，IOC 委員によっては歴史認識に対する政治的なスタンスも投票行動に大きな影響を及ぼすことも考えられる。つまり，IOC 委員に対するアプローチと比べ，政府間の働きかけが国によってバラツキがみられる要因はここにあるともいえる。

　特に冷え込んでいた中国との関係構築に向けては，姉妹都市関係にあった東京都が北京市に環境分野における技術協力を申し入れ，都市交流レベルで協力関係を持続させた面もある。2013年 8 月には，東京都が北京市職員を招待し，自動車排ガス対策を中心とするワークショップを開催した。一方で，猪瀬直樹知事が在京中国大使と会合し，働きかけを加速させていた。国会議員，スポーツ界レベルでも中国の IOC 委員との面会を繰り返すなど，中国

表15　北中南アメリカのIOC委員への働きかけ数

出典：東京オリンピック・パラリンピック招致委員会取りまとめ資料をもとに著者作成

票の獲得に向けては日中関係を踏まえつつ，政治，行政，民間の各ルートによる複合的，継続的な働きかけがあったことがみてとれる。言い換えれば，中国票の行方が韓国，香港など東アジアのIOC委員の投票行動に影響を及ぼすものであったと考えられる。

第3項　北中南アメリカ

北中南アメリカ地域には18人のIOC委員が在籍する。

スペインが旧宗主国だった国の多くがラテンアメリカやカリブ諸国にあり，マドリード支持の固い地域とされた。この地域に関する戦略的な特徴は2つ読み取ることができる。1つはマドリード票の切り崩しのため，中南米諸国に対して影響力を持つ米国政府を頼っていたことがうかがえる。国別の働きかけでは米国が最も多いうえ，安倍首相はオバマ大統領（当時），岸田外務大臣はジョン・ケリー国務長官（当時）との面会を軸に，閣僚や大臣クラスによる米政府関係者への働きかけも繰り返されていた[171]。カナダに対しても同じような手法がとられたといえる。2つ目は，個別ルートの活用である。森元総理とキューバのラウル・カストロ国家評議会議長（当時）との個人的な関係から，森氏は特使としてキューバに派遣された。絶対的な指導力

171　五輪招致委員会作成の招致戦略資料や取材による。

表16　北中南アメリカの政府要人への働きかけ数

北中南アメリカ地域別

出典：2020東京五輪・パラリンピック招致委員会取りまとめ資料をもとに著者作成

を持つカストロ議長に働きかけることで，キューバ票（2票）の獲得に狙い
を定めていたことが分かる。一方，数字上には現れていないが，招致活動で
は，こうした地域には国際協力機構（JICA），国際交流基金（JF），国際協力
銀行（JBIC），日本貿易振興機構（JETRO）などの政府系機関や各国の日本
人会のネットワークを活用し，相手国のニーズの把握に務めていた。IOC
委員に対する直接アプローチによる効果の期待ではなく，周辺関係者に対す
る働きかけに重点をおいていたことも推察される。

第4項　アフリカ

　結城がアフリカ出身の IOC 委員について「いちがいに言えないものの，
自身が母国で行っているスポーツ振興活動や組織上の立場から，どういうメ
リットがあるかを軸に招致都市を比べる人が多いとされる[172]」と記したアフ
リカの IOC 委員は12人に上る。
　安倍首相は2013年6月に横浜市で開催されたアフリカ開発会議（TICAD）
で「かつてアフリカ勃興を世に知らしめる舞台となった東京五輪が再び開け
ますよう支持をお願いします」と訴え，アフリカ首脳39人を含む出席者56人
全員に招致を呼び掛けた[173]」。すなわち，アフリカ票獲得は結果を左右する

172　結城，前掲書（2014），p167。
173　「産経新聞」2013年9月10日付朝刊，「東京新聞」2013年9月10日付朝刊。

表17　アフリカのＩＯＣ委員への働きかけ数

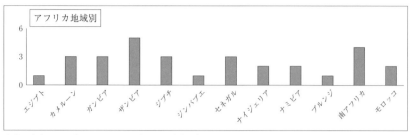

出典：東京オリンピック・パラリンピック招致委員会取りまとめ資料をもとに著者作成

　大票田として重視し，政府主導によるアプローチが行われたと考えられる。アフリカ地域では五輪や世界大会レベルで競技経験のある元アスリートのIOC委員が半数以上に上る。このため，政府はアプローチの1つに外務省を中心として実施している「草の根文化無償資金協力[174]」（以下，草の根文化無償）通じ，アフリカ諸国に対するスポーツや文化交流を促進することで関係構築を図ろうとした。外務省によると，「草の根文化無償」は平成28年度は計25件の実績があった。招致活動では相手国の要望をいかに把握し，実現するかが勝負の別れ目ともいえるがアフリカ諸国は立候補都市に対し比較的ストレートに要望を伝えていたとされる。2013年9月10日付の日本経済新聞（朝刊社会面）では「安倍晋三首相は各国首脳から支持を取り付ける見返りに別の課題で恩返しする『取引カード』を切った。脈はあるが，決めかねていたとみる首脳には東京五輪支持とひき換えに経済協力など相手の得になる取引の条件を示し始めた」との報道もあった。いわゆる首相のトップセールスを報じるものだが，アフリカ諸国に対する政府のスポーツ支援では，過去に柔道用畳，陸上競技場機材，バレーボール機材，サッカー場の整備などの実

174　NGOや地方公共団体等の非営利団体に対し，文化・高等教育振興に使用される資機材の購入や施設の整備を支援することを通じ，開発途上国の文化・教育の発展及び日本とこれら諸国との文化交流を促進し，友好関係及び相互理解を図ることを目的とする。『外務省ホームページ』https://www.mofa.go.jp/mofaj/gaiko/culture/musho/kyo-ryoku_1b.html（閲覧日2017年5月3日）。

表18　アフリカの政府要人への働きかけ数

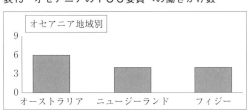

アフリカ地域別

出典：2020東京五輪・パラリンピック招致委員会取りまとめ資料をもとに著者作成

表19　オセアニアのＩＯＣ委員への働きかけ数

オセアニア地域別

出典：東京オリンピック・パラリンピック招致委員会取りまとめ
　　　資料をもとに著者作成

績がある。それぞれの地域の事情を踏まえ，政府が既存制度を活用した働きかけが行われたものとみられる。

第5項　オセアニア

　6人の IOC 委員が所属するオセアニア地域は，全員が元アスリートで親日家も多いとされる。

　日本ではラグビーＷ杯が2019年に開催されることもあり，20年招致には協力的な姿勢を示していた。招致資料には，オーストラリアの大臣が日本の閣僚に対して「IOC 委員は独立して職責を果たしているが，個人的には20年五輪をラグビー同様，日本が開催することにより，得られる利益は大きいと考える。IOC 委員に対して懸命な判断を下すように進めたい」（2013年 6

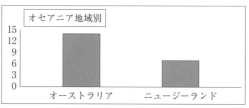

表20　オセアニアの政府要人への働きかけ数

出典：2020東京五輪・パラリンピック招致委員会取りまとめ資料
をもとに著者作成

月）と発言したとの記録もある。オーストラリアは日本にとって世界第4位の貿易相手国で，オーストラリアにとっても日本は世界第2位の貿易相手国と位置づけられている[175]。また，ニュージーランドも日本は第3位の輸出相手国で，現地では日本語学習が人気で親日家も多い。国家間の良好な関係を基盤に，IOC委員，政府要人に対する働きかけは比較的に順調に進展したと考えられる。

　招致資料などを分析してみると，主要プレーヤーだった安倍首相と岸田大臣はサミットや外相会合などの国際会議の開催期間に政府要人を中心に働きかけを行い，麻生大臣はIOC委員を対象にしていたことを明らかにした。ただ，麻生大臣は2013年7月3日，4日の2日間にスイス・ローザンヌで開催されたIOCテクニカルブリーフィングで，40人のIOC委員と会食や立ち話によるロビイングを中心にしていたことも分かった。

　一方，日本の政府関係者がIOC委員や政府要人に働きかけを行った時期については，IOC主催による国際会議や国際競技大会などに集中している。また，政府要人への働きかけは，4月下旬から5月上旬の大型連休が活用されたことが分かる。これは，大型連休前に安倍首相が全閣僚に対して「外遊した時は必ず会談相手に五輪招致を申し入れるように」と指示をしていたこ

表21　IOC 委員に対する月別働きかけ状況（7 月まで）

I O C 委 員			
	国数	人数	回数	主な機会
安倍総理	3	3	3	
麻生大臣	38	39	44	2013/7/3最終候補の 3 都市による IOC 委員へのプレゼンテーション（テクニカルブリーフィング）

外 国 政 府 要 人			
	国数	人数	回数	主な機会
安倍総理	32	42	47	2013/6/1～6/3の TICAD V 2013/6/15～20の G8サミット
麻生大臣	4	4	4	
岸田大臣	31	51	51	2013/4/10～11の G8外相会合 2013/4/28～5/5の岸田外務大臣のメキシコ，ペルー，パナマ及びロサンゼルス訪問

※期間は2013年 1 月～ 7 月
出典：2020年東京オリンピック・パラリンピック招致委員会取りまとめ資料をもとに著者作成

とが要因と考えられる。

　20年招致を東京に決定させるため，政治・行政領域の諸アクターが各国の政治，行政，スポーツなどの主要アクターに対して自ら優越する資源関係を基礎に戦略的な協働関係 - 組織関係の構築を目的とした行動態様が明らかになった。政策ネットワークは本来，政府や団体などのメゾレベルを分析対象の基軸とするが，本章では国家や個々の組織にも目を向けることで，マクロ―メゾ―ミクロの諸レベルの研究の連結が，国際的プロジェクトに関わる諸アクターの合意形成に向けて機能していたことを裏付けるものになったといえる。

表22　政府要人に対する月別働きかけ状況（8月まで）

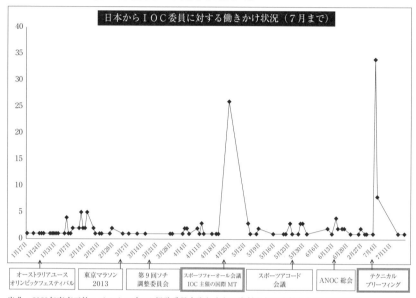

出典：2020年東京五輪・パラリンピック招致委員会取りまとめ資料などや取材をもとに著者作成

表23　政府主要プレーヤーによる働きかけ状況

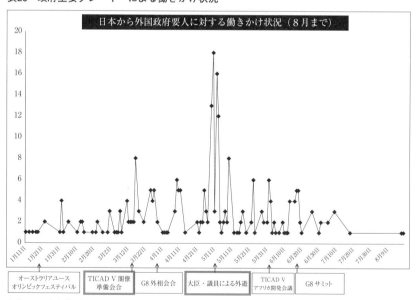

出典：2020年東京五輪・パラリンピック招致委員会取りまとめ資料をもとに著者作成

第6章　IOC委員の属性にみるガバナンスと政策ネットワーク

　本章では，IOC委員の属性や動向を分析した内部資料を基に，IOC委員が五輪開催都市を選択する際の投票行動で現れる特徴を4つに類型化する。スペイン王室を中心とする皇族グループは少数のアクターによって構成され，最も閉じられたネットワークでメンバーの継続性が高く安定性も高い。一方，21年間IOC会長の座にあったサマランチ氏に人事や待遇で恩義を感じるIOC委員はマドリードの組織票の底流を支えるグループとして存在感を示している。権力と資金を兼ね備える有力委員は，キーマンとして可変的な資源配分を駆使し，組織内で従属する諸アクターを束ねる。このほか，個人の意思や思惑，利害で動くグループもIOCには存在する。また，本章では招致委の中心アクターがどのようにIOCと対峙し，五輪招致という国際的なプロジェクトの合意形成過程において諸課題を克服していったのか，その意思決定過程と課題をインタビュー取材を通じて提示する。

第1節　IOC委員の類型と投票行動における特徴

第1項　ヨーロッパで強固「皇族ネットワーク型」

　115人の定員のIOC委員のうち，皇室や王室関係者は計11人に及ぶ。ロイヤルファミリーのつながりが集票につながると考える招致関係者が多いのも事実で，国を超えた連帯感があり，その影響力は強いものがある。皇室や王族でありながらIOC委員の資格を持つ委員は以下の通りである。①ナワーフ・フェイサル・ファハド・アブドゥーラジーズ王子殿下（サウジアラビア）は同国オリンピック委員会会長であり，アラブサッカー協会会長や青年スポ

ーツ文化省青年福祉庁長官の経歴を持つ②ファイサル・アル・フセイン王子殿下（ヨルダン）はアジアオリンピック評議会（OCA）理事，同国オリンピック委員会会長，同国王立空軍司令官の職歴がある③ハヤ・アル・フセイン王女殿下（アラブ首長国連邦）は，国際馬術連盟（FEI）会長，国際パラリンピック委員会名誉理事，同国連邦会長の職歴がある④モナコ公アルベール2世殿下（モナコ）は同国オリンピック委員会会長で，国家元首でもある⑤シェイク・タミム・ビン・ハマド・アルターニ王子殿下（カタール）は同国オリンピック委員会会長⑥デンマーク王国フレデリック王子殿下（デンマーク）は，国際セーリング連盟イベント委員会委員長，IOCスポーツ・フォア・オール委員会委員⑦トゥンク・イスラン王子殿下（マレーシア）は，同国オリンピック委員会会長，国内オリンピック委員会連合（ANOC）代表⑧リヒテンシュタイン公国王女ノラ殿下（リヒテンシュタイン）は，スペシャルオリンピックス・同国会長⑨ルクセンブルク大公（ルクセンブルク）は，同国身体障害者スポーツ，ウインタースポーツ，水泳・救命の各連盟の名誉会長を務める国家元首⑩オレンジ王子殿下（オランダ）は，王立海軍ヨットクラブ名誉会長，IOCマーケット委員会委員⑪英国王女アン殿下（イギリス）は，同国オリンピック委員会名誉会長，国際馬術連盟名誉会長，さらには1976年モントリオール五輪の馬術代表の経歴を持つ[176]。招致委員会が作成した招致戦略資料によると，こうした皇族や王族への接触は他のIOC委員に比べ困難で，当時の安倍首相の親書を在日大使による手交もしくは郵送で届けるしか方法がなかった。

　一方で，東京のライバル都市のマドリードでは，スペインのフェリペ皇太子が招致活動の先頭に立ち，こうした欧州や中東，アジアの皇族に支持を広げてきた経緯がある。フェリペ皇太子は1992年のバルセロナ五輪のセーリング選手で6位入賞の実績を持ち入場式の旗手も務めた。2013年7月にスイ

176　五輪招致委員会作成によるIOC委員の経歴取りまとめ資料などから。

ス・ローザンヌで開催されたIOCテクニカルブリーフィング[177]ではプレゼンテーションに登壇し、「私はメダルをとれなかったが、もっとも重要なものを学んだ。それは五輪の基盤である人間の価値だ」「オリンピックはスペインの人々に、もう一度前を向く力を与える」などとした演説がIOC委員の好評を得た[178]。

　スペインABC紙（2013年7月4日付）はスイスのIOC委員の感想として「フェリペ皇太子は本日（プレゼンテーションが実施された7月3日）のスターであり、非常に良かった」と報じた。また、現地では、モナコ公アルベール2世殿下や各国王室、コロンビア大統領にマドリード支持を促す働きかけを行った。当時のスペインの現地報道は「フェリペ皇太子の存在は、ローザンヌにおける招致活動を成功に導いた決定的な要素である。皇太子は日毎に増す存在感、信頼感、そしてIOC委員への直接的な働きかけにおける説得力を使い、国際的にランクの高いIOC委員らに対し、マドリードへの支持を訴えた。王室は国際社会におけるスペインの『顔』として重要な役割を果たしたといえる」と称賛していた。デンマークのフレデリック王子殿下は2013年7月7日の日本テレビが放映した番組の中でスペインのフェリペ皇太子とは何を話していたかと問われ、「話せるわけないよ。彼（フェリペ皇太子）とは仲の良い友達ですし、私にとって家族のようなものです」と話し、皇族間における距離の近さを強調する場面もみられた。

　スペイン王室が得意とするスポーツ外交の強さは、フェリペ皇太子の存在だけではない。ファン・カルロス国王（当時）は1972年ミュンヘン五輪のセーリング選手。さらにフェリペ皇太子の姉のクリスティーナ王女も88年ソウ

177　2013年7月3日、4日の2日間、スイスのローザンヌで開催。イスタンブール、東京、マドリードの3立候補都市が全IOC委員に対して開催計画の詳細について説明する。五輪開催都市を決定するIOC総会前に、IOC委員全員へ直接プレゼンテーションを行うことができる唯一の機会となっている。特定非営利活動法人東京オリンピック・パラリンピック招致委員会（2014）p.133。

178　「日経新聞」2013年7月5日夕刊、「朝日新聞」2013年8月20日朝刊。

図7　ヨーロッパ・皇族ネットワーク型

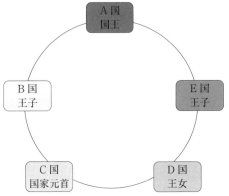

出典：2020年東京五輪・パラリンピック招致委員会取りま
とめ資料をもとに著者作成

　ル五輪のセーリング選手で，クリスティーナ王女の夫，イニャキ・ウルダン
ガリン氏は92年バルセロナから3回連続ハンドボール代表で五輪に参加し，
96年アトランタと2000年シドニーでは銅メダルを獲得している。また，ソフ
ィア王妃（当時）の弟のコンスタンティノス2世元ギリシャ国王は60年ロー
マ五輪のセーリングで金メダルを獲得した実績がある。スペイン王室が有す
るネットワークは歴史的に構築されてきたものだと推察される[179]。

　IOC領域の中に位置し，スペイン王室を基軸する皇室ネットワークは，
Rhodesが分類した政策ネットワークの類型では，少数のアクターによって
構成され，最も閉じられたネットワークである「政策コミュニティ」に該当
する。メンバーの継続性が高く，ネットワークの安定性も高いことが特徴で
ある。メンバー同士の相互依存度も高く，他のネットワークからの独立性が
高い。招致委の2013年8月時点での票読みでは，皇族や王室関係11人の
IOC委員の支持動向は，東京支持は0，支持獲得可能が1名だけで，マド

179　岡野誠子（2013）「マドリード本気で取り組む五輪招致　スポーツと深いつながり生
　　かせるか」2013年8月30日，Sport navi。（閲覧日2020年10月15日）https://sports.ya-
　　hoo.co.jp/column/detail/201308300001-spnavi?p=1

図8　マドリード「恩義」・組織票型

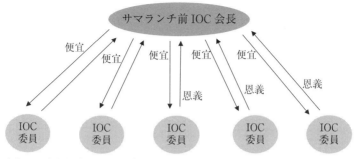

出典：2020年東京五輪・パラリンピック招致委員会取りまとめ資料をもとに著者作成

リード支持は 6 名，支持獲得可能は 2 名であった。イスタンブール支持，支持獲得可能ともに 0，支持先未決定 2 名とみる[180]など，「ロイヤルファミリー」として五輪開催都市招致に関わる皇室間の結びつきの強さを象徴するものといえる。

第2項　元IOC会長に恩義「マドリード組織票型」

　IOC 委員はさまざまな理由で投票する。過去に受けた恩義，昔からの人脈などの「情」など多岐に及ぶ。2020年招致で固定票を持っているとみられていたのはマドリードで，東京招致委員会はマドリードの基礎票だけで30票近くはあるとみていた[181]。すなわち，マドリードは2012，2016，そして20年と 3 回連続で開催都市に立候補し，12年ロンドン大会に決まった IOC 総会では 1 回目20票，2 回目32票，3 回目31票を獲得して敗戦。16年大会の開催都市を決める総会では 1 回目28票，2 回目29票，3 回目（決戦投票）32票でリオに敗れた。そして，20年大会でも 1 回目26票，2 回目（イスタンブールとタイブレーク）49票，3 回目（決戦投票）で36票を獲得したが，東京（60票）に敗れた。過去 3 回の IOC 総会におけるマドリードの平均得票数は31票に

180　東京招致委員会の支持動向取りまとめ資料や取材による。
181　結城，前掲書（2014），p.168。

上り，安定した基礎票といえる。マドリードへの得票は，第1項で述べた欧州の皇室繋がりによる支持に加え，1980年〜2001年まで21年にも及ぶ長期間，IOC会長として君臨したサマランチ氏の影響力が指摘されている。サマランチ氏が退任する2001年時点のIOC委員の9割はサマランチ氏が会長時代に任命した委員で，20年招致時（2013年）でも57人に上っていたとされる。「2016年オリンピック・パラリンピック招致活動報告書」では「サマランチ氏の影響力の根強さを改めて認識させられた[182]」と記述している。

　IOC委員の多くが恩義を感じているサマランチ氏の五輪招致に対する影響力については，猪谷はこう振り返っている。

　　招致における個人の力といえば，サマランチ会長を忘れてはならない。サマランチ会長の個人票は招致都市を左右する力を持っていた。04年アテネや08年の北京はサマランチ票が支えたと言えるし，長野の招致成功の陰にもサマランチ会長の存在があった。サマランチ会長は用心深く，信頼のおける幹部を重用する一方で理事クラスでも自分の地位を脅かす存在になりそうだと必ず頭をたたく。まるでモグラたたきのようだ。歯向かう者には牙をむき，自分の意見に逆らうと口を利かないところがあった。独裁者と批判されると，自分はオーケストラに指揮者だと周囲に話して同意を求めていた[183]。

　こうした政治力学を背景にIOCに君臨したサマランチ氏は1990年代には，ブラジル出身の国際サッカー連盟会長，ジョアン・アベランジェ，イタリア出身で国際陸上競技連盟会長のプリモ・ネビオロ，メキシコ出身で国内オリンピック委員会連合会長のマリオ・ヴァスケス・ラーニャと並び，国際スポーツ界の「ラテン・マフィア」とメディアに評されたこともあった。4人の意向が必ず国際スポーツ施策に反映されていたことがその理由とされる。猪谷は16年招致についても触れており，マドリードが計画では劣りながらもシカゴや東京を上回る票を獲得したことを引き合いに「サマランチ会長亡き

182　特定非営利法人東京オリンピック・パラリンピック招致委員会（2010）p.403。
183　猪谷，前掲書（2013），pp.70-72，pp.195-196。

後，このような影響力を行使できるIOC委員は表れていない」と述べている[184]。朝日新聞記者の稲垣康介はサマランチ氏の死去を報じた朝日新聞紙上で，16年招致のIOC総会で89歳のサマランチ氏が行った招致演説の「私は人生の終わりに近づいている。私の母国に五輪を開く名誉を」と懇願した場面を紹介。「会長時代に推薦で委員に選ばれたメンバーたちの忠誠心は揺るがず，マドリードは決戦投票で敗れたものの，予想外の得票を稼いだ」と記し，威光が健在なことを知らしめたとした[185]。稲垣が指摘するサマランチ氏の「威光」とはIOC領域においては，権威，資金，政治的正当性，情報資源，組織資源に分類されるRhodesの資源概念に該当する。IOC自体は限られたメンバーで構成される「政策コミュニティ」であり，資源交換しなければ組織（ミクロでは個人が対象）は存続できないとするものだが，木原が指摘する資源依存関係の不均衡は，アクター間にパワー関係やヒエラルキーを生じさせる[186]ことから，サマランチ氏の絶対的な優位性を共通軸にした資源依存関係の継続がIOC領域でその「威光」を知覚させるものしたといえる。

第3項　アジア・アフリカにみる「キーマン主導組織票型」

アジア（IOC委員23人）・アフリカ（IOC委員12人）地域におけるIOC委員の中には，票を取りまとめることができる「実力者」が存在することが特徴といえる。そのうちの1人について，結城は，各国五輪委連合（ANOC）会長だったクウェートのシェイク・アーマド・アル・ファハド・アル・サバーハ委員を上げる。結城は「関係者が交代でお百度を踏んだ」と述べている。シェイク・アーマド氏は王族出身で，OPEC（石油輸出国機構）議長やアジアオリンピック評議会（OCA）会長も務め，アジアで10票以上動かす力を持つ「キングメーカー」と呼称されていた。16年招致では東京支持を明言しな

184　同上，p.73，p.196。

185　「朝日新聞」2010年4月22日朝刊。

186　木原，前掲書（1995），p.3。

がら，他都市に投票したとみられていた。招致委理事長だった竹田氏は20年招致で「会議やイベントで10回以上会った[187]」と振り返っている。2013年9月10日付の産経新聞朝刊を要約すると，「シェイク・アーマドがマドリード支持に転じたとのうわさが流れた8月には，招致委が森元総理にクウェート行きを要請し，竹田氏も欧州から駆けつけた。安倍首相も8月下旬にはクウェートを訪れ，協力を要請した」とある。招致を決める側への適応や従属行動が招致力学に変化をもたらす典型例ともいえる。

　シェイク・アーマド氏の父親であるシェイク・ファハド・アル・サバーハ氏はクウェート五輪委員会やOCAを設立していずれも初代会長となった人物である。日本では，元IOC委員の故岡野俊一郎氏らと親交が深かったとされる[188]が，1990年にイラクのクウェート侵攻時の犠牲になった。父親の跡を継いだシェイク・アーマド氏は2012年には，サマランチ氏時代のIOCでの実力者だったメキシコのマリオ・バスケス・ラーニャ氏を追い落としてANOC会長の座についた。ANOC会長は，途上国の五輪委員会（NOC）にスポーツ振興や五輪参加を支援するための資金援助を行うIOCの五輪・ソリダリティ（連帯）委員会委員長に就任するのが慣例だが，シェイク・アーマド氏が会長になってから，資金援助は総額4倍に増加したという。結城は「要は権力と，お金を分配できる能力を兼ね備えたドンとして，陰に陽に影響力を持ち始めたという構図」と指摘した[189]。

　一方，招致委がアフリカの委員への働きかけを依頼したのは，セネガル出身で国際陸連のラミン・ディアク会長だった。ディアク氏は1979年から1999年まで国際陸上競技連盟（現・世界陸連）の副会長を務め，1999年から2015年まで会長として君臨した[190]。同時にIOC委員も1999年から2015年まで16

187　『オリンピックはこうして決まった』NHKクローズアップ現代＋，2013年9月9日
　　 http://www.nhk.or.jp/gendai/articles/3398/index.html　（閲覧日2017年5月20日）
188　「日経新聞」1987年5月30日朝刊。
189　結城，前掲書（2014），pp.170-pp.173。
190　五輪招致委員会作成によるIOC委員の経歴取りまとめ資料などから。

図 9　キーマン主導・組織票型

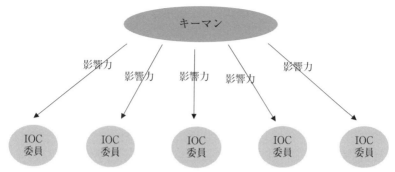

出典：2020年東京五輪・パラリンピック招致委員会取りまとめ資料をもとに著者作成

年間務め，アフリカなど他の IOC 委員に影響力を持つといわれた。ディア
ク氏が会長を務めていた国際陸連のスポンサー 8 社中 5 社（2013年）が日本
企業で日本の五輪関係者ともパイプは太い。日経新聞では，ディアク氏につ
いて国際競技連盟のトップとして「陸上出身の委員やアフリカ票を動かせ
る」という招致委員会関係者の声も沿えて大物委員ぶりを紹介している[191]。
国際陸連やアフリカ票に影響が強いディアク氏への働きかけや歴史的な関係
性に加え，第 5 章でも触れた日本政府によるアフリカの政府関係者らへの働
きかけや，柔道用畳支援，陸上競技機材支援，バレーボール機材支援，サッ
カー場の整備支援などの地道な草の根文化無償協力などで信頼関係を醸成し
たといえる。すなわち，招致委による IOC 委員の支持傾向の分析では，ア
フリカの IOC 委員12人中10人が東京への「指示が固い」「指示獲得可能」と
の票読みにつながっていった[192]。

　五輪招致においてキーマンが主導する組織票は，サマランチ氏同様の
Rhodes の資源概念に該当する事例といえるが，分析次元では，特定の資源
を有する中心アクターの影響を受ける利益を網羅し，参加者の接触や強さが

191　「日経新聞」2013年 9 月 7 日朝刊。
192　東京招致委員会の支持動向取りまとめ資料や取材による。

変動的な「イシューネットワーク」といえる。イシューの重要性によって価値観や政策の継続性も変動するため，ネットワークの中心アクターはメンバーを統制するための多様で可変的な資源配分と能力を必要とするもので，支持動向の分析結果をめぐる知見には有効であるといえる。

　ただ，本項の対象としたディアク氏はロシア陸上選手のドーピング違反隠しをめぐる汚職事件で，収賄などの罪に問われ，2020年9月16日にパリの裁判所から禁固4年（うち2年は猶予），罰金50万ユーロ（約6200万円）の判決を言い渡された[193]。また，20年招致をめぐっても，招致委からシンガポールのコンサルタント会社，ブラック・タイディングズ社に支払われたコンサル料約2億3000万円がディアク氏と息子のパパマサッタ氏を通じて開催都市決定権を持つIOC委員の買収工作に使われた疑いがあるとして，フランス司法当局が捜査しているとの報道がある[194]。しかし，竹田氏は「コンサルタント料であり，疑惑をもたれる支払いではない」とコメントし，JOCは「招致活動ではプレゼンテーション指導やロビー活動，情報分析などを目的に金銭を支払っている。契約した会社はアジア中東地域の情報分析のエキスパートで正式な業務契約に基づく対価」との声明を発表。支払いについては監査法人の監査も受け，IOCにも報告済みとしており，当時の萩生田光一官房副長官も記者会見で「適切な商取引だ」と述べ問題ないとの認識を示している[195]。一連の報道に関する問題提起は把握しているが，本研究では事例として五輪招致の政策形成過程の分析を主研究にしているため，コンサル料をめぐるさまざまな報道等については研究，分析の対象外とする。

第4項　思惑，利害一致「個別浮動票型」

　IOCは現役選手の率直な意見を五輪運営に反映させるための選手委員会

193　「朝日新聞」2020年9月20日朝刊。
194　「朝日新聞」2020年3月20日朝刊。
195　「日経新聞」2016年5月14日朝刊。

を1981年に発足させた。その後，1999年には発生したソルトレイクシティ冬季五輪をめぐる招致スキャンダルでIOCが行った組織改革の中で，IOC選手委員会のメンバーに8年の任期限定でIOC委員資格（定員15人）を与えることにした。選手委員会のメンバー選挙で選ばれ，最後に出場した五輪から4年以内なら委員となる資格がある。日本出身の選手委員では，これまでシンクロナイトスイミングの小谷実可子氏がいたが，IOC委員は兼ねていなかった。2000年以降は，テニスの松岡修造氏，スキー・ノルディック複合の萩原健司氏，陸上ハンマー投げの室伏広治氏らが選挙に出たが，当選できていなかった。しかし，2020東京五輪で実施されたIOC選手委員選挙（2021.8.4実施）ではJOCが擁立したフェンシングの五輪銀メダリストの太田雄貴氏が当選した。任期は2028年ロサンゼルス五輪まででIOC委員を兼ねる。

　こうした選手委員は，IOCにおける職務のしがらみも少なく，自身の信条や印象などに基づく投票行動を取りやすい。アンチドーピングにも主義主張から敏感に反応すると言われている。プレゼンテーションに心から共感すれば，支持が変わる可能性もあり，結果，投票先が最後まで読めず，「浮動票」になりやすいとみられていた。招致委員会が「浮動票」として分析していた主な委員は以下の通りである。①アダム・ペングリー（英国）：世界アンチドーピング機構（WADA）理事，スケルトン代表②クラウデゥア・ボーケル（ドイツ）：IOCアスリート委員会委員長，フェンシング代表③サク・コイブ（フィンランド）：アスリート委員会選出委員，アイスホッケー代表④アレクサンドル・ポポフ（ロシア）：アスリート委員会選出委員，競泳代表⑤セルゲイ・ブブカ（ウクライナ）元IOCアスリート委員長：陸上代表⑥ムン・デ・ソン（韓国）：アスリート委員会選出委員，テコンドー代表⑦レベッカ・スコット（カナダ）：アスリート委員会選出委員，クロスカントリー⑧ジョン・クロード・キリー（フランス）：元ツールドフランス協会会長，アルペンスキー代表⑨アンジェラ・ルジェロ（米国）：アスリート委員会選出委員，アイスホッケー代表らである[196]。

図10　思惑，利害一致・個別浮動票型

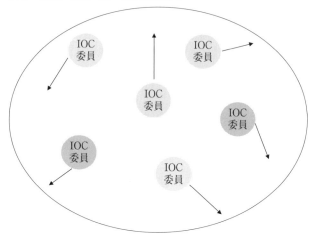

出典：2020年東京五輪・パラリンピック招致委員会取りまとめ資料をもとに著者
　　作成

　選手委員に対しては，「接触には慎重を要する」（招致委）との約束事がある一方で，競技関係を通じて親交のある日本のアスリートが個別に接触するケースもある。しかしながら，個々の思惑や利害で変容するこのグループも統合性や安定性，排除性が低い「イシューネットワーク」に分類される。メンバー間のパワーは不均衡で，それぞれが有する資源の相互作用も接触の頻度や強さで変動し，資源を調達し駆使することで自己優位性の確立を目指すことになるのである。

第2節　ネットワークの境界連結者による意思決定と責任領域

　本稿では，20年招致委理事長だった竹田恒和氏と東京都知事として招致の旗振り役を担ってきた猪瀬直樹氏をネットワークの中心的な境界連結者[197]と

196　東京招致委員会の支持動向取りまとめ資料や取材による。
197　真山達志（2016）「政策実施の理論と実像」ミネルヴァ書房，p.36。境界連結とは，もともと組織論，組織間関係論で盛んに用いられてきた概念。自組織と外部環境の境

して捉える。すなわち，境界連結者が有する①相手組織から得た情報を処理して組織内に提供する情報処理機能②相手組織の情報や資源を得たり，その中で相手組織と交渉や協議を行ったりする外部代表機能[198]を駆使して，政治，行政，スポーツ，皇室，民間との協働や，どのように IOC と対峙し，五輪招致という国際プロジェクトの合意形成過程において諸課題を克服していったのか，インタビュー取材を通じて提示する。竹田氏へのインタビューは2017年 4 月13日，場所は東京都新宿区霞ヶ丘町にある公益財団法人「日本オリンピック委員会（JOC）」会長室で行った。猪瀬氏に対しては2017年 4 月 6 日，東京都港区にある猪瀬直樹事務所のフロアで行った。インタビュアーはいずれも著者。

第 1 項　元東京招致委員会理事長，竹田恒和氏へのインタビュー

——竹田氏は2016年招致と，2020年招致の 2 度にわたり招致活動の旗振り役として引っ張ってきました。二つの招致の違い何だったのでしょうか

竹田氏　「16年招致で私はまだ IOC 委員でなく JOC 会長でした。率直に言うと IOC 委員との本当の信頼関係というか，そういった関係構築もできていなかった。招致では100人以上の IOC 委員を相手にしないといけない訳です。スポーツ競技団体の中でも国際通で自分の関連する競技団体を通じて十分な国際的立場を作っていたかと言うと，非常に少なかった。すなわち人脈は細く，人間関係はできていなかった。急に 1 年 2 年でできるものではないですしね。それがやっぱり大きな敗因であったと思います」

——国民，都民の支持率に温度差もみられたのではありませんか

界に位置し，自組織と外部環境を結びつける役割のことをいう。
198　同上，pp.36-37。

竹田氏　「16年招致時の国民，市民の支持率は最終的には55.5％でした。そこまでしか上がらなかった。70％を一つの目標にしていましたから。数字が作れなかったというのは大きな敗因の一つです。国民が望んでいないところに五輪を持っていっても本当に素晴らしい五輪はできないだろうというのがIOCの考えですから。支持率を伸ばせなかったのは日本が一つになって本当に五輪は来るのか，そんなもの来るわけないだろと思っている人がほとんどだった。なんとか自分達で盛り上げて，引っ張っていこうという真剣さ，情熱と現実味がなかった」

——16年招致で，これはちょっとまずいのかな，勝てそうにないのかな，と感じた瞬間は。

竹田氏　「そもそもリオはIOCが最初の招致都市を選ぶときに最下位だったんです。そこからのし上がってきました。一番のインパクトがあったのは「南米で初めて」。これが非常にうまく訴えられた訳です。これには各都市，色々策を練って戦いましたけど，これに勝てる，上回るビジョン，コンセプトというのが残念ながらなかった。日本もIOCが求めていた『環境にも優しい五輪』，そういうコンセプトを打ち出していきましたけれども，リオの「南米初」には敵わなかったですね」

——20年招致への再立候補は当初，低支持率の中での再チャレンジでした。一番感じられたことは何でしたか。

竹田氏　「いくつかあります。16年招致での反省と経験，これが上手く悪いところは削り直し，良いところは残して最高の計画，進め方，ロビー外交からのプレゼンから，全ての面でブラッシュアップされていたと思います。例えば，支持率をどうやって高めたら良いかっていうこともその一つです。必

死でしたから，20年招致を始めようと言った時に47％の支持率[199]から始まってどう高めたら良いか，日本中を湧かせ，世界を湧かせるためにはどうしたら良いかということで，すぐに JOC にオリンピック招致推進プロジェクトというのを立ち上げました。招致活動を再び始める前に事前準備にかかり，JOC では次に向けて東京が手を挙げるか分からないけども活動を起こしていったのは良かったです」

──世界各地で行った五輪招致に関するプレゼンテーションとロビー活動での手ごたえはいかがでしたか。

竹田氏　「国際広報は2013年1月からスタートしました。第一声はロンドンで行いました。国際的に一番タイミングと場所が良かったと思います。猪瀬（直樹都知事）さんも前向きにやっていただいて，あそこから始めて，国際広報が始まりました」

──16年招致におけるロビー活動と異なり，20年招致で竹田氏自身が感じた一番大きな違いは何でしたか

竹田氏　「16年招致では計画的に IOC 委員にアプローチしていませんでした。私自身も IOC 委員になれたことで多くの IOC 委員が仲間意識を持ってくれ胸を開いてくれたと感じています」

──五輪招致で IOC 委員に東京に投票させることの難しさを感じたと思いますが，その顕著な例として挙げられることは。

199　「五輪招致委員会による支持率調査」2012年11月6日。https://www.2020games.metro.tokyo.lg.jp/news/PressRelease_shijiritsu3.pdf

図11　IOC 委員の国籍別の支持傾向分析（2013年8月現在）

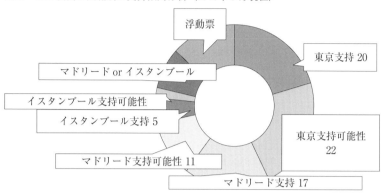

浮動票

東京支持 20

マドリード or イスタンブール

イスタンブール支持可能性

イスタンブール支持 5

東京支持可能性 22

マドリード支持可能性 11

マドリード支持 17

表24　IOC 委員の立候補都市別による支持傾向分析

東京支持 （20）	東京支持可能性 （22）	マドリード 支持 （17）	マドリード 支持可能性 （11）	イスタンブール 支持 （5）	イスタンブール 支持可能性（2）	浮動票（8） （マドリードor イスタンブール）	浮動票 （12）
フランス①	イギリス①	アイルランド①	イギリス③	ベルギー	ロシア②	アイルランド②	イギリス④
フランス②	ドイツ①	イギリス②	モナコ	オーストリア	モロッコ	カナダ ①	ドイツ②
スイス①	スイス③	スイス④	ハンガリー	米国③		中国 ①	イタリア③
スイス②	イタリア①	ルクセンブルク	ロシア①	北朝鮮		中国 ②	スイス⑤
フィンランド①	イタリア②	リヒテンシュタイン	イスラエル	オーストラリア②		シンガポール	フィンランド②
スウェーデン	ポーランド	デンマーク	米国②			ヨルダン	ロシア③
ノルウェー	ウルグアイ	オランダ	キューバ②			エジプト	ウクライナ
キューバ①	グアテマラ	ギリシャ	パナマ			スロバキア	カナダ②
セネガル	バルバドス	米国①	セントルシア				中国③
ザンビア	カメルーン	メキシコ	ペルー				韓国②
ナイジェリア	ブルンジ	コロンビア	マレーシア				サウジアラビア
ガンビア	南アフリカ	プエルトルコ					オーストラリア③
ナミビア	ジブチ	アルバ					
韓国①	タイ	アルゼンチン					
インドネシア	インド	香港					
レバノン	パキスタン	台湾					
シリア	ヨルダン	カタール					
ニュージーランド①	オマーン						
フィジー	オーストラリア①						
クウェート	ニュージーランド②						
	フランス③						
	ジンバブエ						

出典：2020年東京オリンピック・パラリンピック招致委員会取りまとめの資料を基に著者作成

竹田氏　「IOC 委員にアプローチをして普通ストレートに『応援して下さい』と言うと『応援する』と皆さん言うんです。16年招致の時はアプローチしたIOC 委員の名簿に○付けていると，みんなに○がつきます。それ，当時は，

一つもらえた，二つもらえたということで終わっていたと思います。20年招致では，裏取りを徹底しました。『あのIOC委員はこう話しているが，実際はこういう発言が出ているよ』とか，またもう一回行くわけです。そのくらい二重三重で違う人がアプローして，もう一回引き寄せる。そういう動きをひたすら繰り返して票読みを行います。決戦投票の60票は票読み通りの数字でした」

――IOC委員になったことで，どのような戦略展開をしていったのか教えて下さい。

竹田氏 「16年招致では会えなかった人達がいて，それはヨーロッパの皇室，王室関係がそうでした。行かせてもらえなかった。20年招致の時は宮殿まで行けたんです。私のロビー外交は実はヨーロッパの王室から始めたんです」

――IOC総会の3カ月前の6月の票読みは東京には非常に厳しい情勢でした。

竹田氏 「まさにそうです。福島第一原発による汚染水問題が出る前は勝てると確信していて，汚染水問題が出たときに，たいして大騒ぎにならないだろうと思って，IOC総会が開催地のブエノスアイレス（アルゼンチン）に行ったら大変な騒ぎになった。英米のテレビ局が汚染水問題を繰り返し報道していました」

――福島第一原発による汚染水問題は東京招致が抱えるアキレス腱でしたか

竹田氏 「何人かのIOC委員が『東京も大変なことになっている』と騒ぎ始

めたので，すぐに説明したのですが，理解して貰えなかった。それで安倍首相に来て貰って，国の責任者に話してもらうことが必要だった。実は最初は首相は汚染水問題については話さない予定だった。しかし，首相に説明していただかないと大変なことになると思いました。ライバル都市のマドリードは経済，金融問題。イスタンブールは隣国シリアの内戦状態に端を発した政情不安。しかし，この二国の首相はそれぞれが抱える自国の問題に一切タッチせず，一言もプレゼンでは話さなかった。そこで日本は首相が自ら話をしたということが大きかった。日本の一番の問題は汚染水問題でしたので」

——例えば30年後に五輪招致したいとか，そういう時にどうすれば日本は国際社会の中で振り向いてもらえるのか。複数の国家が関与する国際的なプロジェクトにおける合意形成や意思決定過程は他のプロジェクトにも転用可能ではないでしょうか。

竹田氏　「投票権を持つ人の信頼感をどうやって獲得するかというのは五輪でなくても一緒だと思います。五輪招致に向けたプロセスが日本のプレゼンスを高めるための大きなヒントになったと思います。忘れてはいけないことは，最後のプレゼンテーションです。決め打ちですから，失敗したら絶対の流れを失うことも十分考えられる訳です。8人のプレゼンターがそれぞれの責任をきちっとこなしてくれました」

——高円宮妃殿下は招致活動ではなくて，あくまでも国際交流という形で，IOC総会でIOC委員とお会いいただいた。

竹田氏　「夜中まで会っていただいた。延べで40人。本当にありがたいことだったと思います」

——皇室の協力もあり，異なる領域が一体化して政策行動を形にした20年招致でしたか。

竹田氏　「本当にオールジャパンでした。皇室も来ていただいた。総理，外務大臣，文科大臣も，財界トップも，スポーツ界はもちろんです。最後に支持率が92%になったことは奇跡的なことです。五輪招致で日本が一つに盛り上がったということです」

第2項　元東京都知事，猪瀬直樹氏へのインタビュー

——20年招致で立候補都市の首長として最初に取り組んだことは何ですか。

猪瀬氏　「最初は各競技団体，都庁，霞ヶ関の中央官庁も縦割りで，バラバラの動きしかできていなかったので，IOC委員に関する情報を競技団体や国から集めて情報を管理する中枢を作りました。つまり，昭和16年の敗戦でなぜ日本は間違って戦争を仕掛けたかというと，縦割りのまま，意志決定しないで，決断して戦争を始めたのではなくて，不決断で始めたのです。海軍と陸軍はそれぞれ持っている油の備蓄量を言わないわけです。だから太平洋戦争を前提に考え徹底的に情報の中枢を作り，どこを攻めたらいいかと常に考えていました」

——猪瀬氏は招致委会長の立場よりも都知事の立場でIOC委員に対するロビー活動を繰り返していました。

猪瀬氏　「ロビー活動でもIOC委員ごとに対策を考えていました。IOC総会でのプレゼンテーションも日本の伝統文化をきちんと言わないといけないので当初から皇室の協力は不可欠と思っていました。都知事になったその日に

宮内庁に挨拶に伺いました。ただ，宮内庁は当初，高円宮妃殿下をプレゼンテーションの壇上に立たせるなって言うわけです。最終的には妃殿下は壇上でオリンピックのオの字も言わないで『世界の皆さん，東日本大震災のご支援ありがとう』というのを言って下さいました。妃殿下は，しかもIOCの公用語であるフランス語と英語の両方でやっていただきました。その物語の構成を作って，とにかく縦割りであったものを，情報の中枢を作って攻めていくということが大切でした」

――16年招致では，猪瀬氏は副知事でした。

猪瀬氏　「16年招致では戦略の組み立てをしてなかったということです。国を巻き込んでないので，国がほとんど加担していなかった。なので，情報を一つに集約するために外務省や文科省も含め徹底的に国と交渉してきましたが，結果的に国もスポーツ界もまとまらず，東京都が勝手に動いているだけでした」

――20年招致は都知事就任直後から始まりました。猪瀬さんは五輪ファーストを都政の中心に据えていました。

猪瀬氏　「当時は朝から晩まで五輪招致に邁進していました。壁にIOC委員の顔写真を100人分張って，顔を覚えるのに必死でした。とにかく五輪招致のために命を懸けていたという事です。それは東日本大震災があって，もう日本はだめだという閉塞状況を突破する必要があった訳です。要は，沈滞したムードの中でやっぱりみんなが燃える，国民が燃える，元気が出るものをつくらないと。2020年という目標をつくらないと，東京のためというより国家のためにやったという思いがあります」

——その要因として五輪招致の課題克服で意識したことは何ですか。

猪瀬氏　「最初は国民の支持率アップを意識しました。2013年1月にロンドンで記者会見をやりました。16年招致時の支持率は56％でした。それでまず国内世論を70％に上げないと失格です。マドリードやイスタンブールは80％でした。2012年ロンドンオリンピック後に支持率が66％まで上がり，また落ちて，3月にIOCの評価委員会が来日して直前で70％に乗りました」

——IOC評価委員会の視察では猪瀬氏が「見せ場」の演出をしたと伺いました。

猪瀬氏　「評価委員会一行が赤坂御所で皇太子さまと面会された時には，御所の庭園を送迎車に一周させて敷地を広く見せ，皇太子さまがよく見えるよう演出しました。そして私自身がスポーツ好きの都知事であることを印象づけるためパラリンピックで車椅子チャンピオンの国枝慎吾選手とテニスをやっている場面を見せました。また，世界各所で行く先々で走る。走ってみんなに走っているぞということを見せることをやりました。ロシアでも，ロンドンでもレジェンドパークを走りました。ニューヨークではセントラルパークを走りました」

——五輪招致のような国際的なプロジェクトを成功裏に導くためには何が最も大切だと思いましたか

猪瀬氏　「ヨーロッパ以外で初めて近代化できた国は，アジアでは日本が初なのです。その近代化は欧米の近代化と同じように見えて違うところは日本の伝統文化があります。日本の文化に誇りを持つということをきちんと示す，その説明をきちっとできるかどうかっていうことだと思います。つまり

64年東京五輪は途上国の五輪だから，今度の五輪は成熟した近代都市の文化をきちんと示すということです。和食もそうだけど，色んな日本の良さみたいのをきちっと説明できる，これだけ我々は誇りを持てるものはたくさんあるという日本人の自己認識をもう一回高めるということです」

──東京都知事として五輪招致を公共政策の一環として捉えた場合，国民や市民が最も享受できることは何と考えますか

猪瀬氏　「毎日毎日働いて帰ってきて寝て起きてまた仕事に行くというのは人生じゃない訳で，人生には結婚式があったり，お葬式があったり，色んな事があります。色んな祝祭空間の中に人は生きている。良い意味でのナショナリズムというのは国民を一つにする力。拝外主義とは違う。本当の意味でのナショナリズムを国民を一つにするためのものを作っていくという，それをスポーツでやるっていうことで健康寿命を延ばす目標があるわけです。そういう意味で行政だけが公共政策ではなくて，世界を変える，作るっていうのが公共政策だと考えます」（談）

第7章　皇室と政策ネットワーク

　20年招致では，五輪招致都市の決定を決める IOC 総会が開催されたブエノスアイレスに皇室から高円宮妃久子さま（以下，久子さま）と三笠宮彬子（以下，彬子さま）さまがご訪問された。宮内庁は「政治的側面もある五輪招致活動に皇室の関与は慎重であるべきだ」としてきたが，ご訪問については「東日本大震災の被災地支援への謝意を伝えるのが目的[200]」と説明した。日本国憲法第4条では「天皇は国政に関する機能を有しない」と定め，天皇に準じる皇族も政治に関与しないというのが宮内庁の見解で，16年招致では最後まで慎重姿勢を貫いた。だが，20年招致では皇族が国際親善活動という形で IOC 委員と面会を果たすことで，結果的に招致を支援することになった。本章では，「皇族と招致活動」の在り方を導出し，行政，政治，スポーツの領域が皇族に対し，どのような働きかけをおこなってきたのか，それによる政策ネットワークの形成過程を検証する。

第1節　皇族の「五輪招致」参画と政策ネットワークの形成

第1項　憲法第4条と皇族の招致活動

　16年招致では，当時の石原慎太郎都知事が皇太子・同妃殿下に対して，招致委員会の名誉総裁への就任要請をする意向を示した。2008年6月の定例記者会見では2009年10月にデンマークのコペンハーゲンで開催される IOC 総会に，皇太子・同妃殿下のご出席をもとめ，「招致の旗頭として活動しても

らいたい」と述べていたことがある。これに対して，宮内庁の野村一成東宮大夫は「招致活動の段階に関わることは難しい」と述べ，その理由として，「招致活動には政治的な要素が強いこともあるし，すでに決まった式典に出席されるのとは違う話だ」という点を挙げ，この提案に否定的な見解を示した[201]。この発言に石原氏は強く反発し，「宮内庁ごときが決めることじゃない。国家の問題なんだから。木っ端役人が，こんな大事な問題，宮内庁の見解で決めるんじゃない[202]」と痛烈に批判した。國學院大學の大原康男教授は，東宮大夫の見解について「ごく穏当なものである」と述べている。その理由について「スポーツを通して世界平和の実現を標榜しながら，五輪と政治が無縁でないことはよく知られているが，招致活動自体が政治的な色彩を帯びていることは否定できない」との見解を示した。五輪と皇室の関係では，過去に東京，札幌，長野大会では天皇陛下が名誉総裁にご就任されたが，招致段階で皇室が関わられたことは例がなく，宮内庁も前例を踏襲したとみられる。つまり，スペイン王室のように招致活動に参加する欧州の王室と日本の皇室は事情が全く異なるといえる。大原教授は，天皇は国際社会では元首とされているが，憲法ではその明記がないとしたうえで，『国政に関する機能を有しない』と条文にある以上，政治性を帯びた五輪招致活動に天皇や皇室が関与するのは憲法上の疑問が残ると指摘。「こうした憲法上の足かせを精算することが，まず大切だと思う」とも語っている[203]。

　20年招致でも宮内庁の考え方は一貫していたといえる。山本信一郎次長は2013年3月4日の定例記者会見で，皇室が招致活動に関わらない理由について「招致には行政の活動という側面がある[204]」と述べている。だが，3月のIOC評価委員会の来日時には調査団による東宮御所の皇太子さまの表敬訪

201　「産経新聞」2008年7月5日朝刊。

202　「朝日新聞」2008年7月5日朝刊。

203　「産経新聞」2013年3月8日朝刊

204　同上2013年3月8日朝刊

問が実現し，公式晩餐会では久子さまが出席された。9月のIOC総会では久子さまと彬子さまがブエノスアイレスをご訪問し，IOC委員とのご面談が実現した。宮内庁はあくまでその目的を「国際親善」と説明してきたが，16年招致では最後まで慎重姿勢を崩さなかった宮内庁の方向転換には一定の招致力学が働いたと考えられる。1つには政治（首相官邸，文科省），行政（東京都），スポーツ（JOC）による重層的な働きかけあったことが指摘される。猪瀬直樹氏は，「ロンドン五輪が決まったときには，イギリスのエリザベス女王が自らIOC委員に会っているし，マドリードが立候補しているスペインでは，カルロス国王が招致の先頭に立っている。今回は皇室に何らかの形で存在感を発揮していただくことが必要だと，立候補ファイルを印刷するときから強く胸に秘めていた[205]」と語っていた。猪瀬氏によると，2012年12月18日に都知事になった当日，皇室の協力について宮内庁長官と会い，2013年1月には安倍晋三首相とも話をしたとしている。猪瀬氏の著書や都知事の週刊日程予定表によると，猪瀬氏は知事就任後から2013年9月のIOC総会までに少なくとも4回は宮内庁を訪問している。つまり，東京都として皇族の協力を断続的に働きかけていたことが明らかになった。東京都では当時，猪瀬氏による五輪ファーストの都政運営が行われ，すべての部局が通常の政策立案に五輪招致に向けた政策を絡ませるなど，都庁全体で招致活動に取り組む姿勢を示した。知事執務室には全IOC委員の名前と顔写真が貼られていたほどだ。

　一方，宮内庁の風岡典之長官は2013年9月2日，記者団に対し，久子さまのIOC総会ご出席について，「招致活動の一環と見られかねない懸念もあり，苦渋の決断として，受け入れることにした」と語り，「天皇，皇后両陛下もご案じになっているのではないかと拝察している」と述べた。当初は久子さまは，「招致活動とは一線を画して」IOC委員とのご懇談とレセプショ

205　猪瀬直樹（2014）「勝ち抜く力」PHPビジネス新書，p.78。

ンだけに限定する方針だったが，数日で方向転換し，総会に出席することになった。背景には，8月26日に下村博文文科大臣が宮内庁を訪れ，久子さまの総会出席を要請，杉田和博官房副長官からも首相官邸の意向として同様の要請があったという[206]。ただ，風岡長官の「苦渋」発言に対し，菅義偉官房長官が翌3日の会見で「皇室の政治利用とか，官邸からの圧力とか，そうした批判はあたらない」と語り，首相官邸が宮内庁を公然と批判する事態にもなった[207]。「皇族の五輪招致活動」については，現在も国会審議がないままで，宮内庁は従来の方針を示している。しかし，20年招致では16年招致と異なり，政府や東京都から組織だった協力要請があったことは間違いない。こうした議論が出た場合，上記の大原教授のような見解や「皇室の政治利用」という枠組みに言及する報道が出てくることも確かである。だが，一方で，日本大学の百地章教授のように「招致の前面に立つのではなく，国際親善の観点から，天皇に準じたお立場で皇太子さまがIOC委員に儀礼的に接遇されることに全く問題はない」と断言する識者もいる。百地教授は「国事行為以外の天皇の公的な活動も憲法に位置づけがなく，あらゆる行いにことごとく疑義が生じる恐れがある」との問題点を挙げている[208]。

第2節　招致活動と国際親善活動

第1項　日本の皇族とIOC委員

　東京都や政府が宮内庁に協力要請を行っていたのに対し，久子さまに直接の働きかけを行っていたのは招致委理事長だった竹田氏である。竹田氏は著者とのインタビュー[209]で久子さまのIOC総会出席について以下のように語

206　「朝日新聞」と「産経新聞」，いずれも2013年9月4日朝刊。
207　「毎日新聞」2013年9月4日朝刊。
208　「産経新聞」2013年3月6日朝刊
209　竹田氏へのインタビューは2017年4月13日に行われた。

っている。

　　一番苦労したのは（高円宮）妃殿下でした。1年前からこの日を空けてお
　いて下さいと。どうなるか分からないので空けておいて下さいと。スケジュ
　ール調整していただいたし，それで何しろ五輪招致のことは一切お話いただ
　くことはないですよ，と。東日本大震災のスポーツ界からの協力に対しての
　お礼と，それから皇室とスポーツの関係，これを是非お話頂きたい。招致の
　ことは一切触れないで，日本の皇室がIOCの公の場で話をされたのは初めて
　です。それで多くの人は日本の皇室が来られて，何をしゃべるのか，いきな
　りフランス語から入られて，次に英語でしゃべられて，みんな度肝を抜かれ
　たんです。

　久子さまは，サッカー，ホッケー，アーチェリー，フェンシング，スカッ
シュ，セーリング，グラススキー，軟式野球，弓道の9つのスポーツ組織の
名誉総裁を務める。スポーツとの関わりが深いうえ，国内競技団体を束ねる
JOC会長で父親が旧皇族の竹田氏とはつながりが強いといえる。竹田氏は
久子さまのIOC総会出席に関しては，英国のIOC委員から事前に詳細なア
ドバイスを受けていた[210]。言い換えれば，招致委員会にとって，久子さまの
ブエノスアイレスご訪問は，早い段階から戦略に組み入れられていたものと
推察される。つまり，欧州の「王室外交」に対抗するために，土壇場でも
IOC委員に日本の皇室の存在感を示す必要性があったといえる。事実，久
子さまはブエノスアイレスではホテルの一室にこもり，IOC委員との面会
を繰り返した。15分から30分おきに入れ代わり立ち代わりで約40人[211]。現地
でのIOC委員との面談を行う東京の主要プレーヤーの中でも群を抜く多さ
だった。JOC幹部の1人は「日付が変わって帰ろうとすると，久子さまか
ら『もうお帰りになるんですか。勝負は12時（午前0時）を過ぎてからです
よ』とお声をかけられた」と話したというエピソードもある[212]。

210　結城，前掲書（2014），p.101。
211　「朝日新聞」2013年9月10日朝刊。

図12　IOC 総会直前における皇族・閣僚・議員による働きかけ

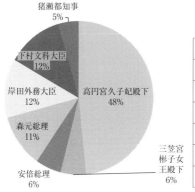

IOC 総会における主要人物の面談予定者

	面談相手
高円宮久子妃殿下	王子・IOC委員など
三笠宮彬子女王殿下	王子・王女・大公・国王など
安倍総理	大統領・IOC委員など
森元総理	国王・IOC委員など
岸田外務大臣	IOC委員など
下村文科大臣	IOC委員など
猪瀬都知事	IOC委員など

出典：2020年東京オリンピック・パラリンピック招致委員会取りまとめの資料を基に著者作成

第2項　皇室と五輪招致の関係性

　招致委が久子さまに期待をかけた要因には，IOC 委員のセレブ好きが挙げられる。招致戦略資料には，中東のIOC 委員が政府高官に話した過去の招致活動における各国のリーダーの印象について「プーチンには大統領としての威厳と『男らしさ』を感じた。多くのIOC 委員が彼の実行力と統率力に心酔し，期待をかけ投票した。オバマには正直失望した。見た目のスマートさとは裏腹に，マイノリティ出身という偏屈さと卑屈さを感じた。ルーラには闘争心の陰で優しさを感じ取った。我々も人間である以上，理屈ではなく，生身の人間に惹かれる。選挙戦がビューティー・コンテストとしての一面があることを忘れてはならない」と発言した記録がある。2011年南アフリカ・ダーバン総会では，2010年バンクーバー冬季五輪女子フィギアスケート金メダルのキム・ヨナ（韓国）が人気を集め，平昌の18年冬季五輪招致に一役買っている[213]。つまり，久子さまは，招致活動とは一線を画していたものの，カリスマ性を持つ招致の「顔」が不在の東京の中で，結果的にその役割

212　「産経新聞」2013年9月10日朝刊。
213　「朝日新聞デジタル」2013年9月6日デジ専。

を担っていたとも考えられる。読売新聞は2013年 9 月10日付社会面で「高円宮妃久子さまの存在はカギとなる最後の 2 日間，IOC の話題が『フクシマ』から『プリンセス』に変わる効果をもたらした」と報じたほどだった。

　東京のプレゼンテーションの冒頭，久子さまは 4 分半にわたり，東日本大震災の復興支援への感謝を述べ，スポーツの素晴らしさを訴えた。英ケンブリッジ大学ガートン・カレッジ卒の久子さまは英語だけなく，フランス語も堪能で，IOC の公用語である 2 つの言語をそれぞれ使って話された[214]。山本次長は久子さまのスピーチに関し「招致活動に関わるようなことではなく，一線を画してご活動いただけたと考えている」と従来の方針に沿ったものだったとの見解を示した。スピーチ後，久子さまは壇上から降りるとしていたが，実際はそのまま席に着いており，山本次長は「階段の位置が中央で，降壇すると失礼になるという判断があった」とも述べた[215]。久子さまの IOC総会へのご出席が招致活動にあたるのか否かは判断が別れるところだが，20年招致は皇室と政治，行政，スポーツの各分野が連携する政策ネットワークが完成したのは確かといえる。久子さまの存在が IOC 委員の投票行動にどのような影響を与えたかは未知数であるが，国際的なプロジェクトである五輪招致を事例として捉えることで，日本の皇族と五輪招致の関係性を今後の研究で模索する起点にもなったといえる。

214　「産経新聞」2013年 9 月10日朝刊。
215　「毎日新聞」2013年 9 月10日朝刊。

終　章

第1節　総　括

　本研究では，ネットワークを形成する様々な領域の諸アクターが資源交換を基にした相互作用によって，複数の国家が関与する国際プロジェクトを成功裏に導くための合意形成に向けた理論のフレームワークの構造を検討の対象とした。事例として焦点をあてた五輪招致はスポーツにおける固有の制度や管理の一部として記述され，諸アクターの戦略や活動目的，資源の保有と利用などの特徴を紹介するスポーツ政策領域として捉えられる。しかし，一方で五輪招致はスポーツ政策領域を基軸に政治，行政，皇室，国家，国際機関など諸領域間と交錯し，政策領域の複合体を形成する結節点になると考えられる。この領域が特定の政策行動に移る方策を主として政策形成過程における諸アクター間の動態や相互作用から観察することで，五輪招致で形成されるネットワークの特質と波及を明らかにしようと試みたものである。実証研究では，招致委が取りまとめた非公開資料を基に日本の主要アクターによる IOC 領域や各国政府・国際機関要人への面会を中心としたロビイング活動を定量的・構造的に明らかにした。その結果，五輪開催都市を決定する IOC 総会で多くの IOC 委員の第一回投票の支持動向を推察できるところまで展開させることができたことは本研究の成果の一つであるといえる。各章における検討内容とその小括は以下の通りである。

　第 1 章では，政府や行政と各社会の諸アクターが，自ら有する資源の交換関係を基礎に他の社会アクターと戦略的な協働関係から形成される政策ネッ

トワークを理論と実証の体系の確立に向けた分析枠組みとして捉え検討した。分析の中心に据えたのは，イギリスの政治学者の Rhodes が提唱した政策ネットワークモデルで，諸アクター間の相互作用がどのようなネットワークを形成し，そのネットワークの特質を検証した。政策ネットワーク論は，政府や団体を対象とするメゾレベルを基軸とする分析枠組みでありながら，マクロレベル（国家）やミクロレベル（個人）の分析枠組みという性格も有している。すなわち，諸レベルの研究を連結する役割と機能を担っている点にも注目し，一定の行動パターンや「制度」を抽出するところに理論的有効性があることを確認した。

　第2章では，五輪招致研究について，海外文献と国内文献のそれぞれの特徴を捉えたうえで，先行研究が五輪招致のどこに焦点を当てていたかという点から検証した。海外文献では，過去の五輪招致の成功要因や IOC の意思決定プロセスを統計的に分析した文献に加え，立候補都市が敗れた要因を考察したものを確認した。ケーススタディ分析で導出された結論に頼るよりも五輪招致の成功または失敗をデータ予測することが可能と主張する手法を確かめた。国内文献では，日中戦争の影響で中止となった1940年東京大会の招致に関する様々な研究を比較しつつ，64年東京大会の招致成功，国際的な合意形成が成されなかった88年名古屋招致，08年大阪招致の失敗事例を確認し，五輪招致に関する研究が時代的趨勢を背景に外交領域や都市政策領域と交錯しながら模索されてきたことを明らかにした。

　第3章では，五輪招致領域のキーアクターである IOC の歴史及び組織構造，役割，影響力を把握し，五輪招致の政策・行動の連続性を洞察しつつ，20年五輪招致を展開した招致委における諸アクターの資源や関係性を考察した。また，IOC はスポーツ政策領域に位置しながら国際政治領域における存在感を示し，国際社会で影響力を発揮するアクターであることを明確化した。そのうえで，五輪招致を行う政府や行政と各社会アクターが自ら有する資源の交換関係を基礎に他の社会アクターと，どのような戦略的な意図を持

って政策ネットワークの組み合わせや配列をしたのか検討を試みた。すなわち，招致委の発足時に形成されたコアグループを中心に，それまで，公式・非公式を問わず個人（ミクロ）レベルで緩やかに連携していた属性が異なるスポーツ，政治，行政，民間企業の団体（メゾ）による「狭義のネットワーク」が協働して国際プロモーション活動の展開を始めたことで，五輪招致という国際的プロジェクトを成功裏に導くために形成された「広義のネットワーク」における認識枠組みを提示した。

　第4章では，2016年招致の敗因と2020年招致の成功の比較分析を行い，五輪招致を成功裏に導くためには，IOC（委員）や国際スポーツ団体というステークホルダーと関係構築を目指し，各領域の諸アクターが得た情報（資源）の循環サイクルを構築することが，ネットワークにおける諸アクターの相互作用による資源配分となることを明らかにした。これにより，IOC委員の動向を把握していくことが可能となり，「支持」，「支持可能性」，「浮動票」などに区別したうえで，諸アクターは協議・合意形成を繰り返し，政策行動の展開を連続的に行っていたといえる。また，国家が関与する五輪招致を「国の責務」と明記したスポーツ基本法が2011年6月に成立したことで16年招致にはなかった五輪招致の国家プロジェクトとしての位置づけが明確化した。これにより20年招致の政策ネットワークの特質に変容がみられたことを明らかにした。

　第5章では，日本の政治・行政領域の諸アクターが五輪招致に絡む各国の諸領域の主要アクターに対して資源関係を基礎に戦略的な協働関係－組織関係の構築を目的とした行動態様を明らかにした。16年招致と20年招致を比較し，政府関係者がどの地域のIOC委員や政府要人と面会を重ねたのか，5大陸別に政府のロビイング戦略の特徴を導出した。面会資料や独自取材から政府が実行した五輪招致の全体戦略及び個別戦略の実像を描写するもので，本稿の分析枠組みである政策ネットワークにおけるマクロ―メゾ―ミクロの諸レベルの研究の連結が国際的プロジェクトに関わる諸アクターの合意形成

に向けて機能していたことを裏付けたといえる。

　第6章は，招致委の内部資料を基にIOC委員が五輪開催都市を選択する際の投票行動で現れる特徴を4つに類型化し，IOC領域における調整を経たうえで一定の見解・政策に至るネットワーク構造を明らかにした。欧州のロイヤルファミリーによる皇族ネットワークは継続性や安定性が高く閉鎖性が強い属性がある。また，21年間IOC会長の座にあったサマランチ氏に尽くすマドリードの組織票を支えるグループの影響力は強固であるといえる。その一方で，権力と資金を兼ね備えた有力委員に従属するグループや，思惑や利害により個々で動くグループは，五輪開催都市の決定段階でキャスティングボードを握り，存在感を主張することを確認した。本章では，こうしたIOCにおける様々なネットワークに対して20年招致のネットワークの境界連結者で中心アクターである竹田恒和氏と猪瀬直樹が五輪招致の合意形成に向けてどのように派生課題を克服していったのか，独自のインタビュー取材を通じて責任領域を明確化した。

　第7章では，五輪招致のネットワーク形成をめぐり政治，行政，スポーツの各領域の主要アクターが継続的に皇室領域の協力を求めたことで，そこに各領域間で調整や妥協，合意が生まれたことを時系列的に示した。日本国憲法第4条では「天皇は国政に関する機能を有しない」と定め，天皇に準じる皇族も政治に関与しないというのが宮内庁の見解だが，政治との調整を経て皇族が国際親善活動という形で五輪招致を支援する形となったことは，従来の制度や管理を超えた「権威」がネットワークの有する資源に加えられ，諸アクターの関係・役割の変容につながったことを明らかにした。

第2節　課題と展望

　本論文は，複数の国家が関与する国際的プロジェクトの一つである五輪招致を事例として取り上げ，政策過程の理論的フレームを提示して体系化・一

般化することで様々な領域での政策過程に寄与できる学際的な研究を目指したものである。序論でも触れたが，サッカーの W 杯招致や世界文化遺産登録に向けた活動などでも異なる領域の諸アクターがネットワークを形成し，対応戦略を構築することは五輪招致と共通する理論的枠組みである。

　そこで，本研究で活用した政策ネットワーク理論は様々な領域でメゾレベルを基軸とした政府や団体を検証対象としつつ，国家や社会のマクロレベル，個人や個々の組織のミクロレベルにも目を向ける性格も併せ持つ有用な分析枠組みである。ただ，メゾレベルの分析対象となるのは政府や団体という単なる「組織」ではなく個人や集団の複合体でもあり，分析対象が組織ではなく時には基盤を構成する「個人」を対象としたミクロレベルの分析に特化していくことも考えられる。こうした場合，風間（2008）は「ミクロレベルの政策分析は政策形成や実施過程を歴史研究のように描き出すことには向いているが，事例研究を一般化することは難しい[216]」と指摘する。すなわち，特定の政策領域によっては組織単位，個人単位の顕著な差異が存在せず，政策・行動の連続性を読み解いていくことが困難な場合も想定され，時には分析視覚の不明瞭を知覚することもあるといえる。政策ネットワークでは分析の意義と課題を考察したうえで検証対象の定義や範囲を定めることが重要となる。組織と個人の境界の認識枠組みを分析次元に取り込んでいくことも今後の課題といえる。

　一方で，事例として検証した五輪招致では，「日本への理解を期待した16年招致」と「日本を理解させることができた20年招致」の戦略的な意図の違いが明確となり，IOC 領域や各国の政治領域と信頼構築に向けた情報戦略の形成，実施が重要であったことが本研究で明らかになった。様々な領域の諸アクターの創意をまとめることを目的とした五輪招致では IOC 領域の諸アクターに関する情報をネットワークで循環させることで，多層的な視角を

216　風間規男（2008）「ミクロレベルの政策分析とメゾレベルの政策分析―政策の構造と機能に関する政治学的考察」同志社政策科学研究　10（2）pp.1

活用するロビイング活動につながっていったといえる。決める側が有する様々な情報資源へのアプローチを繰り返した五輪招致のロビイング活動は，日本の外交戦略上，体系的にも参考にすべき点があるのではないかと考える。すなわち，2020年五輪・パラリンピック招致が一つの学びとなり，次世代の日本人の有形無形のレガシー（遺産）になることを望むものである。とはいえ，五輪招致にかかる政策ネットワークを分析し構造の特質を提示できたとしても，刻一刻と変容する政策環境を要因として，有効だった分析視角が合わなくなることも考えられる。政策環境の変化の潮目を読み，政策環境とネットワークが連動していくことが政策の有効性を確保するうえで必要となる。政策の最適化，とはどうあるべきか。政策形成過程に関わる様々な理論に触れつつ，事例研究を積み重ねていくことで引き続き理論と実証の視座から検討していきたい。

参考文献

Alexandrakis,A.,and Krotee,M.L.(1988)." The dialectics of the IOC".International Review for the Sociology of Sport.

Andranovich,G.,M.J.Bunbank, and C.H.Heying.(2001). "Olympic Cities:Lessons Learned from Mega-Event Politics." Journal of Urban Affairs.

Baade,R.A,and V.A Matheson.(2004). "The Quest for the Cup:Assessing the Economic Impact of the World Cup." Rigional Studies 38(4).

Barclay,J,(2009). "Predicting the Cost and Benefits of Mega-Sporting Events:Misjudgement of Olympic Proportions？" Economic Affairs.

Bandyopadhyay,K.(2014)" In search of an Olympic legacy:the story of India's failed Olympic bid",Sport in Society.

Benson,J.Kenneth (1975) "The Interorganizational Network as a Political Economy," Administrative Science Quarterly,vol.20.

Benson,J.Kenneth(1982) "A Framework for Policy Analysis." in D.L.Rogers and D.A.Whetten (eds.) Interrorganizational Coordination:Theory,Research,and Implementation.Ames：Iowa State University Press.

Borzel,Tanja A.(1998) "Organizing Babylon:On the Different Conception of Policy Network," Public Administration.

Dikaia Chatziefstathiou & Ian Henry(2009) "Technologies of Power,Govermentality and Olympic Discourses:A Foucauldoan Analysis for Understanding the Discursive," Esporte e Sociedade,4.

Howard Aldrich (1979),Organizations and Environments (NJ:Prentice-Hall).

Hugh Heclo and Aaron Wildavsky(1974),Private Government of Public Money(London: Macmillan).

Heclo,Hugh.(1978) "Issue Networks and the Executive Establishment," in Anthony King(ed.) The New American Political System.Washington,DC:American Enterprise Institute.

Humphreys,B.R.,and H.Van Egteren.(2012) "MegaSporting Event Bidding,Mechanism Design and Rent Extraction." In international Handbook on the Economics of Mega Sporting Events,edited by Meanning,W.and A.Zimbalist. Cheltenham, UK:Edward Elgar Publishing.

International Olympic Committee.(2008).Game of the XXXI Olympiad 2016 Working Group Report March,2008.

International Olympic Committee.(2009). Report of the Evaluation Commission for the Game of the XXXI Olympiad in 2016.

Jean-Loup Chappelet & Brenda kubler-Mabbott(2008) The International Olympic Committee and the Olympic System-the governance of world sport,(London:Routledge) .Burak Herguner," The IOC as a trasnational organization :Paradigm shift and its rising role inglobal governance.

Jodan Grant.(1990) "Policy Community Realism versus 'New'Institutionalist Ambigguity".Political Studies38.

Jordan, A.G & Schubrt,k.(1992) "A Prelimimary ordering of policy networks lebels" European Journal of Political Research.

K.TOOHEY & A.J.VEAL(2007), "THE OLYMPIC GAMES : 2ND EDITION A SOCIAL SCIENCE PERSPECTIVE.",CAB International.

Kenis,P.and Schneider,V.(1991) "Policy Networks and Policy Analysis," In Marin and Mayntz eds.,Policy Networks.Westxiew Press.

Konstantinos Georgiadis & Angelos Syrigos(2009) Olympic Truce:Sport as a Platform for Peace (Athens:The International Olympic Truce Centre) "IOC announces emergency two million dollar fund to help refugees" IOC Latest News (4th September 2015).

Kristine Toohey and A.J.Veal.(2007). "The Olympic Games:a social science perspective."

Laurence J.O'Toole(1990),Jr., "Multiorganizational Implementaition:Comparative

Analysis for Wastewater Treatment," in Robert W.Gage and Myrna P.Man-
dell,Strategies for Managing Intergovernmental Policies and Networks.

Lowi,Theodore.(1979) The End of Liberalism.2nd ed.New York:Nortn.

Marin,B. and Maayntz,R.eds.(1991)Policy Networks:Empirical Evidence and Teo-
retical Considerations.Campass Verlag.

Marsh David and R.A.W.Rhodes,eds.(1992) "Policy Networks in British Govern-
ment Oxford: Clarendon Press.

Marsh David and R.A.W.Rhodes.(1992) "Policy Communities and Issue Net-
works." in David Marsh and R.A.W.Rhodes(eds.)Policy Networks in British
Government.Oxford:Clarendon Press.

Marsh and Martin Smith(2000) "Understanding Policy Networks:Towarrds a Di-
alectical Approach." Political Studies Vol.48.

Mowatt,R.A.and Travis,J.(2015)" Public participation,action,and failure:A case
study of the 2016 Olympic bid",Loisir et Societe/Society and Leisure.

News (4th September 2015)：http//www.olympic.org/news/ioc-announces-
emergency-two-million-dollar-fund-to-help-refugees/247135.

Oliver,R.D.(2014)" The legacies of losing:rethinking the'failure'of Toronto's Olym-
pic Games bids",Sportin Society.

"Olympic Agenda 2020" IOC(9 December2014):http//www.olympic.org/
Documents/Olympic_Agenda_2020/Olympic_Agenda_2020-20-20_
Recommendations-ENG.pdf.

Olympic Charter(2020)

Peacock,B.and Darnell,S.C.(2012) "Political celebrity and the Olympic Movement:-
exploring the charismatic authority of IOC President." Celebrity studies.

Paul D.Poast.(2007). "Winning the Bid:Annlyzing the International Olympic Com-
mittee's Host City Selections." International Interactions.

Rhodes,R.A.W.(1981)Control and Power in Central-Local Government Relations.
Univ.of Essex.

Rhodes.R.A.W.(1986a).The National World of local Government(London:Allen & Unwin).Rhodes.R.A.W(1986b),"Power-dependence "theories of central local relation:a critical assessment,' in .Goldsmith,op.cit.

Rhodes.R.A.W(1986b),"Power-dependence "theories of central local relation:a critical assessment,'in .Goldsmith,op.cit.

Rhodes,R.A.W.(1988)Beyond Westminster and Whitehall (London:Allen & Unwin).

Rhodes,R.A.W.(1990)" Policy Networks:A Brirish Perspective," Journal of Theoretical Politics Vol.2

Rhodes,R.A.W.and David Marsh.(1992) "Policy Networks in British Politics:A Critique of Existing Approaches." in David Marsh and R.A.W Rhodes (eds.)Policy Network in British Government Oxford: Clarendon Press

Rhodes,R.A.W.and Marsh,D.(1992) "New Directions in the Study of Policy Networks.

Rose,A.K.,and M.M.Spiegel.(2011). "The Olympic Effect." The Economic Journal 121.

Richardson,Jeremy and Grant Jordan.(1979)Governing under Pressure.Oxford:Martin Robertson.

Shoval,N. (2002) "A New Phase in the Competition for the Olympic Gold:The London and New York Bids for the 2012 Games." Journal of Urban Affairs.

"The Women and Sport Commission" IOC(2015).

Thompson,James D.(1967)Organization in Action McGRAW-HILL,Inc.

Waarden,F.van.(1992) "Dimensions and Types of Policy Networks." European Journal of Political Research.

Wolfgang Maenning and Christopher Vierhaus.(2017)." Winning the Olympic host city election:key success factors "APPLIED ECONOMICS,VOL.49,-NO.31.

縣公一郎，藤井浩司編（2007）｜コレーク政策研究」成文堂

猪谷千春（2013）「IOC オリンピックを動かす巨大組織」新潮社

池井優（1992）「オリンピックの政治学」丸善ライブラリー

市川広雄（2013）「東京五輪で日本はどこまで復活するのか」メディアファクトリー新書

稲生信男（2010）「協働の行政学」勁草書房

猪瀬直樹（2014）「勝ち抜く力」PHP ビジネス新書

井之上喬（2015）『パブリック リレーションズ』日本評論社

岩崎正洋編（2012）「政策過程の理論分析」三和書籍

小川勝（2012）「オリンピックと商業主義」集英社新書

草野厚（1997）「政策過程分析入門」東京大学出版

グレアム・アリソン，フィリップ・ゼリコウ（2016）「決定の本質Ⅰ—キューバ・ミサイル危機の分析」（漆嶋稔訳）日経 BP 社

グレアム・アリソン，フィリップ・ゼリコウ（2016）「決定の本質Ⅱ—キューバ・ミサイル危機の分析」（漆嶋稔訳）日経 BP 社

ジム・パリー，ヴァシル・ギルギノフ（2008）「オリンピックのすべて—古代の理想から現代の諸問題まで」（桝本直文訳）大修館書店

ジャン・ルー・シャプレ＆原田宗彦（2019）「オリンピックマネジメント」大修館書店

ジョアン・マグレッタ（2016）『マイケル・ポーターの競争戦略』（櫻井祐子　訳）早川書房

ジュールズ・ボイコフ（2018）「オリンピック秘史」（中島由華訳）早川書房

ニック・バーリー（2014）「日本はこうしてオリンピックを勝ち取った！　世界を動かすプレゼン力」（佐久間裕美子訳）NHK 出版

中村祐司（2018）「2020年東京オリンピックの研究」成文堂

中村祐司（2006）「スポーツの行政学」成文堂

日本スポーツ社会学編集企画委員会（2020）「2020東京オリンピックパラリンピックを社会学する」創文企画

野地秩嘉（2011）「TOKYOオリンピック物語」小学館

早川純貴，内海麻利，田丸大，大山礼子（2005）「政策過程論―『政策科学』への招待」学陽書房

夫馬信一（2016）「幻の東京五輪・万博1940」原書房

松瀬学（2013）「なぜ東京五輪招致は成功したのか？」扶桑社

真山達志編（2012）「政策実施の理論と実像」ミネルヴァ書房

結城和香子（2014）「オリンピックの光と影 - 東京招致の勝利とスポーツの力」中央公論新社

リチャード・セイラー，キャス・サンスティーン（2017）『実践行動学』（遠藤真美訳）日経BP

リチャード・セイラー（2017）『行動経済学入門』（篠原勝訳）ダイヤモンド社

阿部潔（2016）「東京オリンピック研究序説―『2020年の日本』の社会学―」

新井博（2014）「1940年幻の札幌オリンピック招致運動について」びわこ成蹊スポーツ大学研究紀要，（2），びわこ成蹊スポーツ大学，pp.55-62。

池井優（2016）「オリンピックと日本外交：三つの"東京オリンピック"を中心に」法学研究89（4），慶応義塾大学法学研究会，pp.1-34。

石坂友司（2008）「オリンピック招致の功罪に関する社会学的研究」『筑波大学体育学系紀要』31巻　つくば：筑波大学体育系，pp.199-202。

内海和雄（2008）「オリンピックと資本主義社会3：オリンピック招致と日本資本主義」人文・自然研究，一橋大学教育開発研究センター，PP.4-121。

尾崎正峰（2007）「オリンピック招致と都市」一橋大学スポーツ研究，一橋大学スポーツ科学研究室，pp.41-46。

風間規男（2013）「新制度論と政策ネットワーク論」同志社政策科学研究，14（2）pp.1-13。

風間規男（2008）「ミクロレベルの政策分析とメゾレベルの政策分析―政策の構造と機能に関する政治学的考察」同志社政策科学研究，10（2）pp.1-20。

関西学院大学社会学部紀要，関西学院大学社会学部研究会，pp.65-83。

木原佳奈子（1995）「政策ネットワーク分析の枠組み」，アドミニストレーション

第 2 巻3号，pp.1-37。

小池治（1995）「政府体系の研究」中央大学社会科学研究所研究チーム No3,pp.33-40。

西東克介（2002）「＜研究ノート＞アメリカ教育長の役割・専門性・アドミニストレーション」青森法政論叢学会，青森法学会，pp.107-117。

佐伯年詩雄（2015）「2020東京オリンピック競技会―レガシー戦略の虚像と実像―」スポーツ社会学研究，日本スポーツ社会学会，pp.25-44。

首藤明和（2019）「N,ルーマンの社会システム理論におけるリスク論」多文化社会研究，5,pp.307-319。

田原淳子（1995）「第12回オリンピック競技大会（東京大会）の中止に関する歴史的研究」中京大学博士論文

田原淳子（2000）「第12回オリンピック競技大会（東京大会）開催地をめぐる票読みと投票結果」日本体育学会，第51回大会号，p.136。

田原淳子（1993）「第12回オリンピック東京大会の開催中止をめぐる諸外国の反応について：外務省外交史料館の文書の分析を通して」体育学研究，38，日本体育学会，pp.87-98。

中野晃一（2003）「比較政治と国家機構の分析―政策ネットワーク論を中心に―」社会科学研究，54（2），東京大学社会科学研究所，pp.27-43。

中村哲夫（1985）「第12回オリンピック東京大会研究序説：その招致から返上まで（1）」三重大学教育学部研究紀要，三重大学教育学部，pp.101-112。

中村哲夫（1989）「第12回オリンピック東京大会研究序説：その招致から返上まで（2）」三重大学教育学部研究紀要，三重大学教育学部，pp.129-138。

中村哲夫（1993）「第12回オリンピック東京大会研究序説：その招致から返上まで（3）」三重大学教育学部研究紀要，三重大学教育学部，pp.67-79。

中村祐司（2014）「2020年　東京五輪とスポーツ・ガバナンスの変容：スポーツ行政をめぐる外在的力学に注目して」『体育・スポーツ経営学研究』第27巻，日本体育経営学会，pp.55-61。

中村祐司（2016）「2020年東京五輪をめぐるアカデミックレガシーの視点―情報,

政策，経営，社会―」宇都宮大学地域デザイン科学部研究紀要『地域デザイ
ン科学』第1号，宇都宮大学地域デザイン科学部，pp.3-18。

中村裕司（2002）「スポーツ行政をめぐる政策ネットワークの研究」早稲田大学博
士論文

中村祐司（1995）「スポーツ産業行政における『政策ネットワーク』の研究」スポ
ーツ産業研究，Vol.5, No.1,pp.13-21。

中村祐司（1996）「政策過程分析をめぐる一試論　―政策ネットワークの枠組みモ
デル構築の試み―」宇都宮大学国際学部研究論集　創刊号，pp.47-67。

中村祐司（2016）「2020年東京五輪をめぐるアカデミックレガシーの視点―情報，
政策，経営，社会―」宇都宮大学地域デザイン科学部研究紀要「地域デザ
イン科学」第1号，宇都宮大学地域デザイン科学部，pp.3-18。

中村祐司（1998）「イギリス文化行政をめぐる政策ネットワークの研究―博物館・
図書館・スポーツ行政をめぐる政策。制度，管理―」年報行政研究，1998巻
33号，日本行政学会，pp.153-170。

新川敏光（1992）「政策ネットワーク論の射程」季刊行政管理研究，No59,
pp.13-19。

西岡晋（2004）「福祉国家再編のメゾ・レベル分析に向けて―政策ネットワーク論
からのアプローチ」早稲田政治公報研究（75），早稲田大学大学院政治学研究
科，pp.199-235。

原田宗彦（2001）「2008年大阪オリンピック招致活動報告」スポーツ教育学研究，
Vol1.20,NO.2，日本スポーツ教育学会，pp145-148。

原田宗彦（2001）「2008年大阪オリンピック招致活動報告」『スポーツ産業学研究』
Vol.11,No.2，スポーツ産業学会，pp.39-41。

原田宗彦（2000）「2008年大阪オリンピック招致活動とオリンピック教育」『スポ
ーツ教育学研究』Vol.20,No.2，日本スポーツ教育学会，pp.145-148。

原田久（1996）「レナーテ・マインツの『政策ネットワーク』論」年報行政研究，
pp.150-151。

日比野幹生，舟橋弘晃，間野義之（2019）「我が国のエリートスポーツ政策ネット

ワークの構造と変容：シドニーオリンピック競技大会からリオデジャネイロオリンピック競技大会までに着目して」オリンピックスポーツ文化研究 No4，日本体育大学オリンピックスポーツ文化研究所，pp.37-59。

牧原出（1991）「政治・ネットワーク・管理—R・A・W・ローズの政府間関係論と八〇年代イギリス行政学」東京大学都市行政研究会

正木卓（2012）「＜政策ネットワーク＞の枠組み—構造・類型・マネジメント」同志社政策科学研究1巻，同志社大学院総合政策科学会，pp.91-100。

（財）行政管理研究センター調査研究部編（1989）「政策研究のフロンティア（Ⅱ）：日本の公共政策—その基準と実際—」（財）行政管理研究センター，pp.157-158。

公益財団法人日本オリンピック委員会（2016）『オリンピック憲章』国際オリンピック委員会

東京都教育委員会（2016）「オリンピック・パラリンピック学習読本　小学校編」東京都教育庁指導部指導企画課

東京都教育委員会（2016）「オリンピック・パラリンピック学習読本　中学校編」東京都教育庁指導部指導企画課

東京都教育委員会（2016）「オリンピック・パラリンピック学習読本　高等学校編」東京都教育庁指導部指導企画課

東京都教育委員会（2017）「オリンピック・パラリンピック教育実践事例集」東京都教育庁指導部指導企画課

特定非営利活動法人東京オリンピック・パラリンピック招致委員会（2013）『2020年東京オリンピック・パラリンピック招致戦略資料』特定非営利活動法人東京オリンピック・パラリンピック招致委員会

特定非営利活動法人東京オリンピック・パラリンピック招致委員会（2010）『2016年オリンピック・パラリンピック競技大会招致活動報告書』特定非営利活動法人東京オリンピック・パラリンピック招致委員会

特定非営利活動法人東京オリンピック・パラリンピック招致委員会（2014）『2020

年オリンピック・パラリンピック競技大会招致活動報告書』特定非営利活動
　法人東京オリンピック・パラリンピック招致委員会

特定非営利活動法人東京オリンピック・パラリンピック招致委員会（2012）『Dis-
　cover Tomorrow　立候補ファイル』特定非営利活動法人東京オリンピック・
　パラリンピック招致委員会

永井松三編（1939）報告書「第十二回オリンピック東京大会組織委員会」報告書

日本体育協会，日本オリンピック委員会（2012）「日本体育協会　日本オリンピッ
　ク員会100年史」日本体育協会，日本オリンピック委員会

日本オリンピック・アカデミー（2016）『JOA　オリンピック小事典』メディアパ
　ル

文部科学省（2014）「スポーツ庁の在り方に関する調査研究事業報告書」，調査委
　託：新日本有限責任監査法人

「五輪招致，一線を越えた皇室　根強い『雅子さま待望論』」『週刊朝日』，2013年
　9月13日号，朝日新聞社

「五輪招致に勝利したオールジャパン外交」『外交』，vol.22 Nov.2013，時事通信社

「ロビー活動とプレゼンで勝ち取った東京五輪」『新潮45』2013年10月号，新潮社，
　pp.66-68。

「特集　東京オリンピックがやってくる」『現代スポーツ評論』第30号，2014年5
　月，創文企画

「IOC総会は熾烈な『情報戦』の勝利」『文芸春秋』2013年11月号，文芸春秋，
　pp.123-133。

東京朝日新聞　1936年7月25日〜7月31日までの主に夕刊

朝日新聞　1996年1月25日朝刊，2008年7月5日朝刊，2009年8月7日朝刊，
　2009年10月4日朝刊，2010年4月22日朝刊，2013年8月20日朝刊，2013年9
　月4日朝刊，2013年9月10日朝刊，2020年3月20日朝刊，2020年9月20日朝
　刊

朝日新聞デジタル　2013年9月6日デジ専

産経新聞　2008年7月5日朝刊，2013年3月6日朝刊，2013年3月8日

2013年9月4日朝刊，2013年9月10日朝刊

産経ニュース記事参照

東京新聞　2013年9月10日朝刊

日経新聞　1987年5月30日朝刊，2001年7月15日朝刊，2010年4月21日朝刊，
　　2010年5月28日夕刊，2013年7月5日朝刊，2013年9月9日夕，2013年9月
　　10日朝刊，2013年9月12日朝刊，2016年5月14日朝刊，2016年5月25日朝刊

毎日新聞　2013年8月20日朝刊，2013年9月4日朝刊，2013年9月10日朝刊

読売新聞　1999年3月19日朝刊，2010年1月5日から1月30日までの朝刊，2013
　　年9月4日朝刊，2013年9月9日夕刊，2013年9月10日朝刊2016年9月1日
　　夕刊，2016年9月4日朝刊，2017年10月22日朝刊，

読売オンライン　2015年3月3日の記事参照

外務省ホームページ

スポーツ庁ホームページ

2020東京オリンピック・パラリンピック組織委員会ホームページ

日本オリンピック委員会ホームページ

日本スポーツ振興センターホームページ

著者紹介

石 元 悠 生 （いしもと ゆうせい）

　1967年　高知県生まれ
　　　　　産経新聞編集委員，東京都知事政務担当特別秘書などを歴任
　2012年　コロンビア大学東アジア研究所客員研究員
　2017年　早稲田大学大学院政治学研究科修士課程修了
　2021年　駒澤大学大学院グローバル・メディア研究科博士後期課程修了
　同　年　博士（メディア学）
　現　在　駒澤大学総合教育研究部講師，AIAIグループ株式会社広報室長，東京都杉並区報道アドバイザーほか

主要著書

『無責任の連鎖　耐震偽装事件』（共著，産経新聞出版，2006）

東京五輪招致の研究

2022年 2 月25日　初版第 1 刷発行
2022年 4 月30日　初版第 2 刷発行

著　者　石　元　悠　生

発行者　阿　部　成　一

〒162-0041　東京都新宿区早稲田鶴巻町514

発行所　株式会社　成　文　堂

電話 03(3203)9201(代)　FAX 03(3203)9206
http://www.seibundoh.co.jp

製版・印刷　藤原印刷　　　　　　　製本　弘伸製本

ISBN978-4-7923-3417-8　　C3031　　　　　　検印省略

定価(本体3,000円＋税)